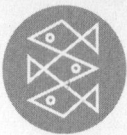

Seit ihr Sohn Ben einen Kindergarten besucht, hat sie keinen Namen mehr. Auch keinen Beruf und keine Hobbys. Sie ist nur noch »Benni-Mama«, also die Mutter von Ben. Zumindest für die anderen Eltern … In ihrem eigenen Leben außerhalb des Kindergartens ist Benni-Mama freie Journalistin und Autorin. Die Mutter eines Kindergartenkindes engagiert sich in einer Elterninitiativ-Kita. Auch deshalb schreibt sie unter Pseudonym.

Weitere Informationen, auch zu E-Book-Ausgaben, finden Sie bei www.fischerverlage.de

Benni-Mama

Große Ärsche auf kleinen Stühlen

Eine
Kindergartenmutter
packt aus!

*In Erinnerung an unsere
gemeinsame Zeit im
Pipi-Kacka-Zentrum
mit Bakterien von 0-6 Jahren ☺
Alles gute zum Geburtstag,
Deine Jawle   Juni 2014*

FISCHER Taschenbuch

Originalausgabe
Erschienen bei FISCHER Taschenbuch
Frankfurt am Main, Oktober 2013

© 2013 Benni-Mama
© S. Fischer Verlag GmbH, Frankfurt am Main 2013
Satz: Dörlemann Satz, Lemförde
Druck und Bindung:CPI books GmbH, Leck
Printed in Germany
ISBN 978-3-596-19716-3

Inhalt

Elternabend

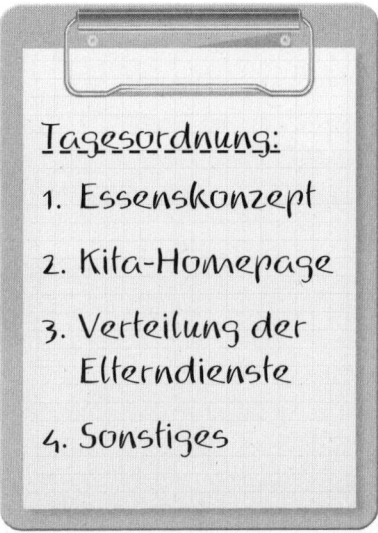

Tagesordnung:

1. Essenskonzept

2. Kita-Homepage

3. Verteilung der
   Elterndienste

4. Sonstiges

Elternabend oder Darmspiegelung? Vor die Wahl gestellt, würde ich lieber zum Arzt gehen. Aber ich habe keine Wahl. Elternabend im Kindergarten ist Pflicht. Und weil mir ohnehin nichts anderes übrigbleibt, versuche ich wenigstens, das Schauspiel zu genießen. Denn – um an die Sache mit der Darmspiegelung anzuknüpfen – beim

Elternabend lassen endlich mal alle die Hosen runter und zeigen, wer sie wirklich sind. Da wird selbst die anständigste Mittelschichtsmutti zur keifenden Vollkornkriegerin, hier mutieren sonst bräsige Anzugdaddys zu geifernden Frischluft-Taliban.

Wer je an einem dieser Elternabende teilgenommen hat, der weiß: Die einzig vernünftigen Menschen in einem Kindergarten – das sind die Kinder!

Hier sitzen wir also alle auf den viel zu kleinen Stühlen, verstauen unsere Beine mühsam unter dem viel zu niedrigen Maltisch und nippen am Früchtetee.

»Kann es jetzt bitte mal losgehen? Ich muss morgen früh den ersten Flieger nach London nehmen«, ruft Theo-Mama und trommelt mit den Fingern. »Wer schreibt denn heute Protokoll?«

Mit theatralischem Seufzer meldet sich Therese-Mama, die immer alle Aufgaben übernimmt, die sonst niemand machen will, uns dafür aber mit gequältem »Na, einer muss es ja machen!«-Blick tyrannisiert.

Tagesordnungspunkt eins, das Essenskonzept. Unser Lieblingsthema. Wie viel Rohkost braucht ein Kind, um zu einem leistungsfähigen und glücklichen Mitglied der Gesellschaft heranzuwachsen? Wie viel Fleisch? Ist vegetarische Küche nicht viel gesünder? Oder leiden die Kleinen dann an Eisenmangel? Gelten Fischstäbchen als Fisch? Dürfen die Kinder Süßes essen? Und falls nein, ist Apfelsaft trotzdem erlaubt? Vor allem aber: Wie viel Bio darf's denn sein?

Bio-Bärbel strahlt, denn das ist ihr Metier. Und natürlich kann es gar nicht genug Bio sein. Konsequent wurde auf ihr stetiges Drängen hin die tägliche Verpflegung des

Nachwuchses im Kindergarten komplett auf Biokost um-
gestellt. Jetzt legt Bio-Bärbel noch mal nach: Ob wir uns
nicht darauf einigen könnten, auch in den Lunchpaketen,
die wir unseren Kindern für den Wandertag packen, ganz
auf Weißmehlprodukte zu verzichten? Also bitte keine
herkömmlichen Brötchen oder gar Croissants oder Bre-
zeln mehr.

»Die Kinder brauchen Vollkorn, das ist ganz wichtig für
die Kaumuskeln. Kann euch jeder Zahnarzt bestätigen!«

»Ich finde, die Kinder müssen viel mehr in alles einbe-
zogen werden«, sagt Sheila-Mama in Richtung der beiden
Erzieherinnen, die sich heute Abend extra ein bisschen
schick gemacht haben, schließlich sind ja auch Väter anwesend. »Ihr könntet doch die Vollkornbrötchen für den
Wandertag gleich selbst in der Kita backen. Und im Garten ein Gemüsebeet anlegen, damit die Kleinen lernen,
dass der Broccoli nicht im Biomarkt wächst.«

»Ja klar, und lasst uns gleich noch ein paar Hühner und
Ziegen anschaffen.« Erzieherin Petra blickt herausfor-
dernd in die Runde.

Ironie ist nicht unbedingt Bio-Bärbels Stärke, sie ist
gleich ganz begeistert von der Idee: »Petra hat recht, Kinder brauchen Fellkontakt. Fellkontakt ist ganz wichtig für
die sensorische Wahrnehmung und die emotionale Entwicklung!«

»Dann kauf deinem Ole ein Meerschweinchen und nerv
hier nicht rum!«, brummt iDad, während er auf seinem
Smartphone rumwischt.

Wir stimmen ab per Handzeichen, alle Veränderungs-
vorschläge werden mehrheitlich abgelehnt. Erzieherin
Petra, ohnehin eher im Discounter als im Biomarkt zu

Hause, nickt zufrieden: »Und damit ihr's nur wisst: Der fair gehandelte Kaffee schmeckt so richtig scheiße, ich kaufe jetzt wieder die normale Aldi-Röstung. Irgendwo muss auch mal Schluss sein mit der Biodiktatur!«

Jetzt meldet sich Krümel-Mama, unsere blasse Essgestörte, die ständig friert. Sie wolle nur noch mal darum bitten, bei Geburtstagen keine herkömmlichen Kuchen und Muffins mitzubringen, weil doch ihr Krümel diese Laktoseintoleranz habe. »Es gibt ganz tolle vegane Backrezepte, ich backe auch immer mit Sojamilch, und den Unterschied merkt kein Mensch.«

»Glaubst DU!«, entfährt es Theo-Mama etwas zu laut, und sie erschrickt über diesen kurzen Kontrollverlust so sehr, dass sie in ihrem knappen Business-Kostüm fast vom Stühlchen fällt.

»Du hast doch noch nie irgendwas anderes hier beigetragen als Sarkasmus und billigen Fertigkuchen«, wimmert Krümel-Mama und zieht sich die Pulloverärmel über die knochigen Finger. Ein bisschen mehr Rücksicht wünsche sie sich und auch mehr vegane Gerichte im Speiseplan der Kinder. Das wäre ja nun nicht nur für Krümel das Beste.

»Keinen richtigen Geburtstagskuchen mehr, nur wegen Krümel? Ihr spinnt doch! Ihr verzichtet ja auch nicht wegen Harkan auf Schweinefleisch«, ruft Harkan-Mama.

»Na ja, aber das hat ja nun religiöse Gründe, und Krümel-Mama geht es um die Gesundheit, das kannst du doch nicht vergleichen«, sagt Bio-Bärbel.

»Harkan kommt immerhin in die Hölle, wenn er Schweinefleisch isst. Krümel bekommt nur Bauchweh«, werfe ich ein, und jetzt explodiert Bio-Bärbel:

»Ja, dann baut ihm doch gleich noch einen Gebets-
raum, damit er sich Richtung Mekka werfen kann!«

Harkan-Mama lächelt still, die Väter gucken betreten
in ihre Teetassen, Krümel-Mama schnieft.

»Vielleicht eine kurze Raucherpause, bevor wir weitermachen?«, schlägt Erzieherin Annabelle vor. Erleichtertes
Aufseufzen in der Runde, wir ziehen unsere steifen Glie-
der unter dem Maltisch hervor und verschwinden vor
die Tür. Eigentlich hätten wir heute noch ausdiskutieren
müssen, wer jetzt endlich mal den Flur streicht. Und iDad
sollte uns auf den neuesten Stand beim Projekt »Kita-
Homepage« bringen. Aber nach der Raucherpause ist
dann einfach niemand mehr aufgetaucht. Nur Therese-
Mama hat noch ganz allein die Teetassen gespült, wie wir
in ihrem Protokoll nachlesen konnten.

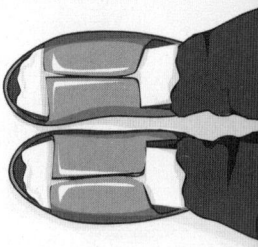

Benni-Mama???

Was ist das denn bitte
für ein bescheuerter Name?

Das ist eine sehr gute Frage. Die Wahrheit ist: Ich habe keine Ahnung. Ich habe mir den Namen nicht ausgesucht – und es ist natürlich auch nicht mein richtiger. Ich habe einen ganz normalen Namen, ich habe auch einen ganz normalen Beruf. Es gibt eine Menge Dinge, die mich ausmachen: Ich bin eine verdammt gute Pokerspielerin, ich war mal Bassistin in einer mittelmäßig bekannten Punkband, ich kann einen Schweinebraten zaubern, der die Engel im Himmel zum Weinen bringt. Doch all das spielt überhaupt keine Rolle mehr, seit mein Sohn Ben geboren ist. Seitdem ist die Person, die ich einmal war, irgendwie verschwunden.

Daran bin ich sicher nicht ganz unschuldig. Es fing damit an, dass ich selbst von mir nur noch in der dritten Person sprach: »Ja, die Mama macht dir jetzt dein Fläschchen, Ben!« »Nicht weinen, Ben, die Mama ist ja da!« »Die Mama hat dich lieb, Ben!« »Verdammte Scheiße, Ben, es ist vier Uhr morgens. Die Mama will noch nicht aufstehen!«

Als schließlich mein Mann auch noch damit anfing, mich nur noch »die Mama« zu nennen, dämmerte mir, dass hier etwas gewaltig schieflief.

Ich bin sicher nicht Angelina Jolie, aber vor Bens Geburt hatte ich durchaus das Gefühl, draußen auf der Straße auch mal angesehen zu werden. Mit dem Schwangerschaftsbauch ging der Anteil männlicher Blicke gegen null, dafür schauten mich Frauen umso intensiver an. Mütter mit einem freundlich-mitleidigen »Du weißt ja gar nicht, worauf du dich da eingelassen hast, Schätzchen!«-Blick. Ältere Damen kamen und tätschelten meine Wampe und erzählten mit glasigen Augen von ihren Sturz- und Totgeburten.

Nachdem Ben auf der Welt war, wurde ich von niemandem mehr angesehen. Ich verschwand einfach hinter diesem unglaublichen Trumm von Kinderwagen, in dem ich mein wunderbares Kind durch die Gegend kutschierte. Alle Blicke galten nun ihm, dem süßen, blondgelockten Teufelsbraten.

»Ja, hat deine Mama dir gar kein Mützchen aufgesetzt?«, fragten jetzt die älteren Damen, andere Mütter versicherten sich mit einem kurzen Blick, ob ihre Kinder wohl auch besser angezogen sind als meins, Väter checkten unser Kinderwagenmodell ab. Nur mich checkte keiner ab, da hätte ich schon im schwarzen Ledermini und auf spielplatzuntauglichen Nuttenstiefeln durch die Innenstadt laufen müssen.

Na gut, ich verstehe ja, dass eine Frau mit Milchkotzflecken auf der Schulter und Augenringen bis zum Kinn kein sexy Anblick ist. Aber was ist eigentlich mit meinen inneren Werten? Meinem Repertoire an schmutzigen Witzen? Der Leidenschaft, mit der ich über Politik streiten kann? Zählt das denn plötzlich gar nicht mehr? Meine kinderlosen Freundinnen rollen gern mit den Augen und sagen, dass man mit Schwangeren und Müttern ja über nichts anderes mehr sprechen kann als über Babykacke. Aber die Wahrheit ist doch: Schwangere Frauen werden auch nichts anderes mehr gefragt als: »Wann ist es denn so weit?«, »Was wird es denn?« und: »Wie soll's denn heißen?«

Frischgebackene Babymütter kommen nicht zum Zeitunglesen und schlafen abends lang vor den Tagesthemen ein. Die Lösung des Nahostkonflikts scheint da erst mal weniger dringlich als die Lösung der Ein- und Durchschlafprobleme des geliebten Nachwuchses. Aber deswegen sind wir ja nicht alle gehirnamputiert!

Je größer Ben wurde, desto mehr sehnte ich mich nach Gesprächen, die sich nicht um Windeln und Pekip-Kurse drehten. Ich erkämpfte einen Kita-Platz für Ben (dazu gleich mehr!), um nach einem Jahr im Duziduzi-Land wieder arbeiten zu können. Jetzt würde ich eine berufstätige Mutter sein, dachte ich. Eine Frau mit Kind *und* Karriere, die ebenso über den Atomausstieg wie über musikalische Früherziehung würde reden können. Ich wollte endlich wieder ernst genommen werden.

Ich wollte wieder sichtbar sein.

Doch als ich am ersten Tag mit Ben im Kindergarten auftauchte, fasste mich die resolute Erzieherin Petra am Arm und sagte: »Ah, du bist also Benni-Mama. Kannste Nudelsalat machen? Der fehlt nämlich noch beim großen Bastelbasar nächste Woche.«

Seitdem bin ich Benni-Mama. Noch nicht einmal für einen korrekten Genitiv hat es gereicht. Mein echter Name spielt auch keine Rolle mehr. Job, Hobbys, Talente hin oder her: Solange Ben in den Kindergarten geht, kann ich nebenbei den Wirtschaftsnobelpreis gewinnen, einen Sommerhit komponieren oder den Klimawandel umdrehen – ich bin und bleibe in allererster Linie: seine Mama.

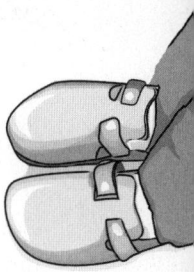

Wartelistenplatz 145

Die entwürdigende und absolut hoffnungslose Suche nach einem Kindergartenplatz

Wenn mich irgendwann einmal ein Psychotherapeut fragen sollte, welche Erfahrung in meinem Leben die demütigendste war, müsste ich nicht lange überlegen: die Suche nach einem Kindergartenplatz für meinen einjährigen Sohn. Mich von einer Gruppe Hebammenschülerinnen dabei beobachten zu lassen, wie ich unablässig in Pappschalen kotze, während ein Assistenzarzt zwischen meinen gespreizten Beinen kniend meinen Dammriss näht – ganz ehrlich, das war Pippifax gegen das Gefühl von Erniedrigung und Ausgeliefertsein, das ich während meiner einjährigen Odyssee durch die Kinderbetreuungseinrichtungen unserer Stadt verspürt habe.

Noch in der Schwangerschaft hatte ich mir das so vorgestellt: Ich nehme ein Jahr Elternzeit, dank Elterngeld großzügig subventioniert, kümmere mich in diesen Monaten um mein wunderbares Kind, sitze mit ihm stillend im Café, treffe mich mit anderen netten Müttern zum gemeinsamen Spazierengehen, mache hier ein bisschen Pekip, da ein bisschen Babyschwimmen. Schließlich würde ich aus den Kindergärten der Umgebung den auswählen, dessen pädagogisches Konzept, Personal und Räumlichkeiten mir am besten zusagen – und dann, nach einem Jahr, würde ich wieder in meinen alten Beruf einsteigen, während Ben von liebevollen Erzieherinnen und Erziehern umsorgt in einer modernen und familiären Kinderkrippe viel Zeit mit anderen Kindern verbringt, die ihm die Geschwister ersetzen, die wir erst noch würden zeugen müssen.

Am Nachmittag, nach einem erfüllten Arbeitstag in einem Job, den ich liebe und den ich brauche, um meine Miete zu bezahlen, würde ich mein glückliches, müde getobtes Kind in die Arme schließen, von einer freundlichen Erzieherin mit anerkennendem Blick die Erzeugnisse der täglichen Mal- und Bastelstunde ausgehändigt bekommen, um dann noch ein wenig Quality-Time mit meinem Kind zu verbringen. Ben würde mir von all den wunderbaren Dingen berichten, die er im Kindergarten erlebt hat, und ich würde dem Himmel dafür danken, dass ich in einem Land leben darf, in dem Kind und Karriere so gut miteinander zu vereinbaren sind.

Tja, nun. Es kam anders.

Meine Elternzeit habe ich hauptsächlich damit verbracht, Leiterinnen von Kinderbetreuungseinrichtungen anzuflehen. Es war eine Zeit großer Verzweiflung, zunehmender Panik und grenzenloser Wut. Und hätte der Leibhaftige Einfluss auf die Vergabe von Kindergartenplätzen – ich schwöre, ich hätte in dieser Zeit meine Seele verkauft.

Aber der Reihe nach. Die Suche nach einem Kindergartenplatz für Ben verlief in sechs Phasen:

Phase 1: Ich bin froher Hoffnung

»Mädels, ich muss euch was sagen: Ich bin schwanger!«
KREISCH!!!!!

Meine Freundinnen jauchzen und fallen mir um den Hals. Wir klären schnell die drei Schwangeschafts-Ws (Was wird es? Wann ist es so weit? Wie soll es heißen?), stoßen noch mal mit Prosecco an (ich natürlich nur ein Mini-Schlückchen) und schwelgen schon mal gemeinsam in der Vorfreude auf ein weiteres schnuffeliges Baby in unseren Reihen.

In unserer Runde bin ich die Letzte, die schwanger geworden ist. Deshalb kommen meine Freundinnen auch schnell zum Wesentlichen:

»Hast du dich schon um einen Kita-Platz gekümmert?«, fragt Sabine, selber Mutter von zwei Mädchen.

Ich, ungläubig: »Jetzt schon? Das Baby kommt doch erst in einem halben Jahr. Und ich wollte ein Jahr Elternzeit nehmen, da hab ich doch noch Zeit. Oder?«

Anna hebt skeptisch die Augenbrauen: »Schnucki, das ist ein Krieg da draußen. Ein verdammter Krieg! Je früher du in die Schlacht ziehst, umso besser stehen deine Chancen.«

»Na ja, Chancen ...«, sagt Karla und seufzt. »Mach dir nicht zu große Hoffnungen.«

»Aber wie soll ich das denn sonst hinkriegen? Ich muss doch Geld verdienen, ich kann ja schlecht zu meinen Eltern ziehen, damit die dann mein Kind betreuen«, frage ich, leicht verunsichert.

»Dann leg sofort los mit der Suche. Lass deinen Namen auf Wartelisten setzen, ruf regelmäßig an und zeig dein Interesse, quatsch Erzieherinnen auf Spielplätzen an, spende großzügig auf Kita-Weihnachtsbasaren, bring dich immer wieder ins Gespräch«, sagt Sabine.

»Genau: Präsenz zeigen. Ganz wichtig«, ergänzt Karla. »Klingel einfach regelmäßig an Kindergartentüren. Du hast nur zwei Möglichkeiten: Entweder die finden dich so nett, dass sie dir den Platz geben, oder du gehst ihnen so schlimm auf die Nerven, dass sie dir den Platz geben, damit du endlich Ruhe gibst. Dann ist es auch total wurscht, auf welchem Wartelistenplatz du stehst.«

»Aber wir wissen doch noch gar nicht, was für eine Kita wir überhaupt wollen. Wir hatten gedacht, ein Montessori-Kindergarten wäre vielleicht toll«, sage ich verzagt.

Schallendes Gelächter. Meine Freundinnen halten sich den Bauch. »Montessooori …«, prusten sie.

»In diesem Land fehlen mehr als 200 000 Kita-Plätze. Glaub uns, Süße, du wirst dem Himmel dankbar sein, wenn du überhaupt einen findest. Pädagogische Wunschkonzepte sind ein Luxus, den du dir nicht leisten kannst«, sagt Anna.

Und dann wechseln wir das Thema, damit die gute Laune nicht endgültig verpufft.

Auf dem Weg nach Hause streiche ich trotzig meinen kleinen Babybauch und denke: Das wird schon! Ich sehe nicht ein, mein ungeborenes Kind jetzt schon auf irgendwelche Wartelisten zu setzen. Erst mal die Geburt überstehen und sich dann ganz in Ruhe mit dem süßen Fratz im Arm auf die Suche machen. Und überhaupt: Anna, Sabine und Karla übertreiben gern. Schon diese ganzen furchtbaren Horrorstorys über ihre Geburten und ihr Gerede von unvorstellbaren Schmerzen, Schreiorgien, Ver-

wünschungen, Blutstürzen, Dammrissen … so schlimm
wird es schon nicht werden.

Phase 2: Ich ziehe in die Schlacht

Ben ist auf der Welt, und mir dämmert, dass meine Freundinnen nicht übertrieben haben. Nicht, was die Geburt
betrifft jedenfalls. Sechs Wochen nach der Niederkunft
fühle ich mich langsam fit genug, um das Thema Kita-
Platz endlich anzugehen.

Ich versuche erst mal das Naheliegende und finde mich
zur wöchentlichen Elternsprechstunde mit der Leiterin
einer Kita in meiner Nachbarschaft ein. Vor mir wartet ein
knappes Dutzend Frauen, die das Gleiche vorhaben, etwa
die Hälfte von ihnen hat das Kind noch im Bauch. Als
ich endlich drankomme, schiebt mir die missmutige Kita-
Leiterin einen Zettel über den Tisch, auf dem die Nummer 145 steht.

»Das ist ihr Wartelistenplatz«, sagt sie ungerührt. »Sie
sehen, die Chance ist gering. Sie sind ehrlich gesagt
ziemlich spät dran, wenn Sie sich jetzt erst um einen
Platz im nächsten Jahr bewerben.«

Dann erklärt sie mir, dass ich – sofern ich auf der Warteliste bleiben möchte – jeden ersten Dienstag im Monat
zwischen 9 und 10 Uhr 30 bei ihr anrufen soll, um den
Fortbestand meines Interesses zu bekunden. Sonst fliege
ich wieder runter von der Liste.

Ich schlucke. Und versuche es in den nächsten Tagen
bei allen anderen städtischen Kindertagesstätten, die
einigermaßen gut zu erreichen sind. Überall das Gleiche:

dreistellige Wartelistennummern und der Hinweis, dass es eigentlich kaum eine Chance gibt, ich aber bitte trotzdem regelmäßig anrufen soll.

Ich weite meine Suche auf die gesamte Stadt aus, die weiteste Kita ist eine fünfzigminütige Busfahrt von unserem Zuhause entfernt. Mein Kalender füllt sich mit Anrufterminen. Inzwischen muss ich mich bei zweiundzwanzig Kindertagesstätten regelmäßig melden, um nicht von der Warteliste runterzufliegen. Das Management dieser Terminflut überfordert mich. Beim Babyschwimmen springe ich hektisch aus dem Becken, weil mir siedend heiß einfällt, dass ich noch nicht im Storchennest angerufen habe. »Ich fliege von der Warteliste!«, rufe ich der irritierten Kursleiterin noch zu, renne im Badeanzug mit meinem nassen und schreienden Kind auf dem Arm in die Umkleide, schnappe mein Handy und suche verzweifelt nach einem Netz. Schließlich stehe ich immer noch im Badeanzug mit dem weiterhin brüllenden Ben in der Schwimmhallen-Cafeteria und schreie in mein Handy: »Ja, ich bin's, Wartenummer 179. Ich habe weiter Interesse. Großes sogar. Hallo, hören Sie mich?«

Am Abend stöbere ich durch meinen Terminkalender. Nächste Woche ist Herbstfest in der Kita Zwergenhausen und einen Tag später Tag der offenen Tür bei den Kuschelstrolchen.

»Das sind Pflichttermine«, beschwöre ich abends Benni-Papa. »Und du musst mit!«

»Ich muss mir zwei Tage Urlaub nehmen, um zwischen zweihundert anderen Eltern am Kuchenbüfett rumzustehen, obwohl wir da ohnehin auf einem aussichtslosen Wartelistenplatz stehen? Ist das dein Ernst?«

»Karla sagt, engagierte Väter sind das A und O bei der Kita-Platz-Suche. Du musst mit den Erzieherinnen flirten! Du musst die Leiterin loben, weil sie ihre Führungsposition so fabelhaft ausfüllt! Du musst die Blumenbeete und die Kinderkunst bewundern!«, rufe ich verzweifelt.

»Und du musst mal wieder runterkommen«, sagt Benni-Papa. »Vielleicht sollten wir einfach nach einer Alternative zu den städtischen Kitas suchen.«

Phase 3: Wir suchen eine Alternative

Wir suchen eine Alternative? Na, die Wahrheit ist natürlich, dass *ich* eine Alternative suche. Benni-Papa geht weiterhin jeden Tag ins Büro, und der Gedanke, ich könnte bei erfolgloser Kita-Platz-Suche fordern, dass bis auf weiteres er zu Hause bleibt, damit ich Vollzeit arbeiten gehen kann, kommt ihm gar nicht erst.

Was also könnte eine Alternative sein? Für ein Au-pair haben wir in unserer Dreizimmerwohnung keinen Platz, für eine Nanny nicht das Geld.

»Na, IHR wolltet ja in die große Stadt ziehen«, sagt meine Mutter am Telefon. »Wärt ihr bei uns im Dorf geblieben und hättet das Baugrundstück hier nebenan genommen, dann wäre ich ganz in der Nähe, und der arme Schatz müsste nicht zu fremden Leuten.«

Beim Jugendamt gibt man mir eine Liste mit Tagesmüttern. »Im wievielten Monat sind Sie denn?«, fragt die Mitarbeiterin. Auch hier bin ich mit einem inzwischen drei Monate alten Baby, das in einem Jahr einen Betreuungsplatz braucht, hoffnungslos zu spät.

Ich telefoniere die komplette Liste durch. Keine der Tagesmütter hat innerhalb der nächsten zwei Jahre Kapazitäten frei – es sei denn, ein Kind wird vorzeitig abgemeldet. Aber auch für den Fall gibt es eine lange, lange Warteliste.

Einige der Frauen haben Anrufbeantworter geschaltet, auf denen sie potentielle Interessenten bitten, von weiteren Anrufen abzusehen. Es sei momentan einfach kein Platz frei, und man könne nicht den ganzen Tag mit verzweifelten Eltern telefonieren. Nur eine Tagesmutter macht mir Hoffnung. Noch während wir sprechen, schreit sie ein im Hintergrund greinendes Kind an: »Chantall, jetzt hör endlich auf mit der Scheiße!« Ich schlucke und lege auf.

Doch dann, endlich ein Lichtblick! Von einem Laternenpfahl reiße ich einen Zettel ab: »Kindertagesstätte Villa Kunterbunt hat noch Plätze frei!« Ich rufe sofort an, und die nette Leiterin lädt mich ein, doch einfach gleich mal vorbeizukommen. Eine halbe Stunde später stehe ich vor einer kleinen Jugendstilvilla am Stadtrand. Die Leiterin empfängt mich freudestrahlend, sagt: »Na, du kleiner Prinz? Du bist ja ein ganz besonders Hübscher!« zu Ben, der auf meinem Arm thront und führt mich durch die Räume.

Es ist alles ganz wunderbar! Buntes Holzspielzeug in Weidekörben, bunte Kindergemälde an den Wänden, aus den Lautsprechern, die an jeder Zimmerdecke angebracht sind, perlt klassische Klaviermusik.

»Ein Teil der Kinder ist beim Frühenglisch, die anderen sind im Garten«, sagt die Leiterin und führt mich an ein großes Fenster, damit ich einen Blick nach draußen werfen kann: eine große Blumenwiese, auf der kleine Mädchen in süßen Kleidern nach Marienkäfern Ausschau halten. Kleine Jungs klettern auf einem großen hölzernen Piratenschiff herum.

»Da rechts ist unser Gewächshaus und das Gemüsebeet«, sagt die Leiterin. »Unser Koch zieht zusammen mit den Kindern das Gemüse fürs Mittagessen. Ist natürlich alles bio. Wenn Sie das wünschen, kann Ihr Sohn auch laktosefrei, glutenfrei, vegetarisch oder vegan essen bei uns.«

»Und Sie haben im nächsten Jahr wirklich noch was frei?«, frage ich ungläubig.

»Aber natürlich«, lächelt die Leiterin. »Ich gebe Ihnen den Vertrag gleich mit, da hängt auch unsere Preisliste dran!«

Preisliste? Ich Idiotin! Da hätte ich auch gleich draufkommen können, dass die Villa Kunterbunt ein Privatkindergarten ist. Ein Ganztagesplatz für ein Kind unter drei Jahren soll hier 1800 Euro im Monat kosten. Das ist deutlich mehr als mein monatliches Nettogehalt!

Meine jüngste Cousine geht gerade gegen die Studiengebühren an ihrer Universität auf die Straße. »300 Euro im Semester, kannst du dir das vorstellen?«, zetert sie am Telefon. »Der Zugang zu Bildung muss doch für alle offenstehen! Da kann man doch nicht einfach Geld für verlangen! 300 Euro! Pro Semester! Dieser Scheiß-Staat, ich könnte mich so aufregen!«

Ich frage, ob sie auf ihrer Demo den kostenlosen Zugang zu frühkindlicher Bildung nicht gleich mit fordern könnte, wo sie doch schon mal dabei ist. Aber sie sagt, das könne man nicht vergleichen.

Lange hatte ich meine Kita-Platz-Misere vor meinen Freundinnen geheim gehalten – schließlich wollte ich ihnen den Triumph nicht gönnen, einmal mehr recht gehabt zu haben, als sie mich schon im dritten Schwangerschaftsmonat auf die Suche schicken wollten. Aber in meiner Verzweiflung heule ich mich doch bei Karla aus.

»Ich werde nie wieder arbeiten gehen können!«, schluchze ich in meinen Rooibostee. »Ich werde die nächsten drei Jahre zu Hause sitzen und Legotürme bauen und eine frustrierte, schlecht gelaunte Glucke sein. Finanziell total abhängig, im Job gnadenlos abgehängt! Dann bekommen wir irgendwann noch ein Kind, und dann habe ich sechs Jahre hier die Hausfrau gespielt, bevor ich wieder eigenes Geld verdienen kann.«

Karla beschwichtigt und appelliert an die Trümmerfrau in mir: »Wo kein Kita-Platz ist, musst du dir vielleicht selbst einen bauen. Du könntest doch einen Kindergarten gründen! Eine Elterninitiative. Oder du versuchst, einen Platz in einer Elterninitiative zu bekommen. Die führen meistens keine Warteliste.«

»Und wie soll ich da einen Platz bekommen, wenn nicht per Warteliste und durch fleißiges Anrufen?«

»Die müssen das Gefühl haben, dass ihr zu denen passt«, sagt Karla. »Und ihr müsst bereit sein, euch zeitlich ziemlich heftig zu engagieren. Ich sage nur: Putzdienst!«

Putzdienst? Mir doch egal! Mach ich mit links! Für einen Kita-Platz würde ich noch ganz andere Sachen machen! Vor kurzem habe ich einen Fernsehbeitrag gesehen, in dem zwei Väter in pastellfarbenen Strampelanzügen und mit Schnuller im Mund in einem Einkaufszentrum um die Wette krabbelten. Dem Sieger winkte ein kostenloser Platz in einer sündhaft teuren Privat-Kita, die mit dieser Aktion ein bisschen Werbung für sich machen wollte. Mehrere hundert Elternpaare hatten sich zur Teilnahme an der Krabbelolympiade angemeldet. Alle bereit, sich bis aufs Blut zu blamieren, wenn nur die Chance bestünde, die Betreuung ihrer Kinder zu organisieren.

»Dein Glück, dass keine der Kitas in unserer Stadt bislang auf so was gekommen ist«, sage ich zu Benni-Papa. Meine Verzweiflung wächst. Ich bin zu allem entschlossen.

Phase 4: Ich pimpe meine Familie

Meine tägliche Tour zu den Kindertagesstätten unserer Stadt erweitere ich nun also um die sogenannten Elterninitiativ-Kitas, auch Kinderläden genannt. Hier erhoffe ich mir Solidarität und Verständnis für meine Lage. Haben sich hier nicht einmal selbst verzweifelte Eltern zusammengefunden, um gemeinsam dem Schicksal entgegenzutreten und nicht länger dem Wartelistenterror der städtischen Einrichtungen ausgeliefert zu sein? Ich bin nett und engagiert, mein Kind ist bezaubernd – wer sollte uns da nicht liebend gern einen Platz in seiner kleinen familiären Einrichtung geben wollen?

Bei den meisten Kinderläden bekomme ich keine Wartelistennummer, sondern einen Fragebogen in die Hand gedrückt, den ich ausfüllen soll. Natürlich könne man mir gar keine Hoffnung machen, aber eventuell würde man auf uns zurückkommen, wenn wir »passen«. Ich lese mir die Fragebögen durch, und langsam schwant mir, was damit gemeint ist.

Frage 1: Bitte beschreibe den Charakter Deines Kindes möglichst ausführlich.

Tja. Ich schaue auf den drei Monate alten Ben, der gerade einen Schwall Muttermilch auf seine Decke gekotzt hat, und denke angestrengt nach. Soll ich die Wahrheit schreiben? »Ben ist eine kapriziöse Diva, die viermal am Tag Stuhlgang hat und gern herumgetragen wird.«

Vielleicht keine so gute Idee.

Oder so: »Leidenschaft, Ausdauer, Spontanität – dies sind die drei Eigenschaften, die unseren Sohn Ben ausmachen. Ziele, die er sich in den Kopf setzt (Milch! Und zwar sofort!), erreicht er durch beharrlichen Einsatz seines beeindruckenden Stimmvolumens. Die Strahlkraft sowohl seiner Körperausscheidungen als auch seines Lächelns sind schon jetzt Legende.«

Ich entscheide mich für den Mittelweg und schreibe: »Ben ist so wie wir – eigentlich ganz normal. Ein bisschen neurotisch, etwas ungeduldig, aber im Großen und Ganzen ein wirklich netter und lustiger Kerl, mit dem ich jederzeit ein Bier trinken gehen würde, wenn er dafür schon alt genug wäre.«

Nächste Frage: *»Mit welchen Fähigkeiten könnt Ihr Euch im Kindergartenalltag einbringen (z. B. Erfahrungen in Elektrotechnik, Bühnenbildbau, Musik, Kochkenntnisse)?«*

Bühnenbildbau? Elektrotechnik? Meine Eltern hatten einst verzweifelt versucht, mich vom Nutzen eines Jurastudiums zu überzeugen. Nie hätte ich gedacht, dass mir

Kenntnisse in Bühnenbildbau einmal den Arsch würden retten können. Und mir schwant: »irgendwas mit Medien« ist kein Beruf, der Ben einen Kita-Platz einbringen wird. In meiner Verzweiflung preise ich meinen Mann als Leiter einer Kindertrommelgruppe an, immerhin hat der vor zwanzig Jahren mal Schlagzeug gelernt. Dann schwurbel ich noch etwas von möglichen Abschlusszeitungen und Filmprojekten, die ich mit den Kleinen realisieren könnte, in der Hoffnung, dass ich nie tatsächlich in die Verlegenheit komme, meine Digitalkamera in die Hände eines hyperaktiven Fünfjährigen geben zu müssen. Aus meiner kurzen Zeit als pubertätsbedingte Vegetarierin leite ich mutig »Kenntnisse in alternativen Ernährungskonzepten« ab. Schließlich lege ich ein Familienfoto und noch ein besonders süßes Bild von Ben bei und schreibe entwürdigende Grußworte dazu: »Hallo, ich bin Ben. Und ich würde sooooo gern ein kleiner Quatschpirat / Wilder Schlumpf / Werkelzwerg / Tobetroll / Kuschelstrolch werden. Besonders gut gefällt meinen Eltern Euer pädagogisches Konzept / das fröhliche und engagierte Erzieherteam / die liebvoll gestaltete Spiel- und Bastelecke.«

Sechs Wochen lang höre ich gar nichts, dann ein Anruf von den Kuschelstrolchen. Sie wollen uns gern persönlich kennenlernen.

»Wir sind im RECALL!!!!«, schreie ich Benni-Papa aufgeregt entgegen, als er abends zur Wohnungstür reinkommt. Eine Runde weiter im Eltern-Kind-Casting!

Am großen Tag ziehen wir Ben seinen schönsten Strampler an. Ich ermahne meinen Mann, freundlich engagiert, jedoch nicht zu kritisch zu wirken und in jedem

Fall zu lügen, wenn er nach seinen handwerklichen Fähigkeiten gefragt wird.

Angekommen in der Kita Kuschelstrolche, werden wir mit sechs weiteren Elternpaaren durch die Räumlichkeiten geführt.

»Diese Kletterburg hier hat der Papa vom Gustav in seiner Freizeit gebaut«, sagt die Erzieherin und zeigt auf eine raumfüllende, zweigeschossige Holzkonstruktion mit Rutsche, Kletterwand und Schaukelseilen. Was wir denn so zu bieten hätten, wenn wir einen Platz bekämen?

»Ich könnte mit den Kindern trommeln, so einmal die Woche«, sagt Benni-Papa tapfer, doch die anderen Elternpaare schießen gleich hinterher.

»Ich bin Kinderärztin und natürlich für alle Kita-Eltern auch außerhalb der Sprechzeiten immer erreichbar!«

»Ich bin Koch, und meine Schicht beginnt erst abends, ich könnte hier also jederzeit das Mittagessen übernehmen!«

»Ich bin Buchhalterin und könnte gern die ganze Vereins- und Personalbuchhaltung machen!«

Ich sage gar nichts mehr, weil ich angestrengt versuche, nicht in Tränen auszubrechen.

In den nächsten Wochen kriecht mir der Hass in die Knochen. Ich hasse alle anderen Eltern, die mir und meinem Kind den Kita-Platz wegnehmen. Diese Menschen mit ihren nützlichen Berufen, ihren handwerklichen Talenten und den offenbar superflexiblen Arbeitszeiten. Besonders hasse ich die ganzen fruchtbaren Paare, die mit ihren Geschwisterkindern sofort alle frei werdenden Kita-Plätze besetzen, ganz ohne erniedrigendes Vortanzen. Die ganzcn blöden Weiber aus dem Pekip-Kurs und der Rückbildungsgymnastik, die gerade noch auf dem Weg waren, meine neuen Freundinnen zu werden: Ich hasse sie und ihre missratenen Bälger!

Auf dem Spielplatz treffe ich Rita, die ich vom Babyschwimmen kenne. »Stell dir vor, wir haben einen Kita-Platz für Leoni«, erzählt sie mir strahlend. In ihrer Wunsch-Kita. War ganz einfach. Sie war zum richtigen Zeitpunkt da, die Leiterin hatte wohl einen guten Tag, man verstand sich auf Anhieb, schwupps, schon habe der Vertrag auf dem Tisch gelegen.

»Was haben die, was wir beide nicht haben?«, frage ich Ben, nachdem Rita abgerauscht ist.

Ben bleckt seine zwei Zähne und schüttet mir eine Schippe Sand in den Ausschnitt, während die Mutter neben mir meine Frage beantwortet: »Ein dickes Konto!«

»Bitte was?«, frage ich zurück.

»Na, ist doch klar, wie die den Platz gekriegt hat: Die hat den Geldbeutel aufgemacht und gefragt, was es denn kosten soll!«, sagt die Frau, während sie mit einem Stöckchen im Sandeimer ihres Sohnes rührt.

So läuft das also. Bestechung! Gut, dann muss ich wohl auch mein Arsenal an schmutzigen Waffen auspacken!

Phase 5: Ich verliere alle Hemmungen

Inzwischen habe ich mich umgehört und kenne die schmutzigen Tricks meiner Konkurrenten: Es gibt Mütter, die kiloweise Weihnachtsplätzchen bei den Kindergärten ihrer Wahl vorbeibringen. Andere »spenden« grö-

ßere Summen an Bargeld. Ich weiß von einem Vater, der
der Leiterin einer besonders begehrten Kindertagesstätte
das komplette Büro kostenlos renoviert hat und am Ende
doch ohne Kita-Platz dastand. Ich habe gehört, wie Mütter böse Gerüchte über ihre besten Freundinnen streuten,
nur um im Wettbewerb um einen Kita-Platz besser dazustehen. Und ich habe einen Vater getroffen, der von seiner Frau nur mit Mühe davon abgehalten werden konnte,
einen vorwitzigen Erzieher-Praktikanten zu ohrfeigen,
der sagte, er sei hier nicht der Postbote und habe keine
Lust, Bewerbungsunterlagen entgegenzunehmen.

Tja, aber was bleibt mir? Benni-Papa wird sich nicht
um einen Platz prügeln, ich bin keine große Bäckerin, und
für Bestechungsversuche fehlt uns das Geld.

Apropos Geld! Mein Elterngeld ist in diesem Monat
ausgelaufen, und ich muss dringend mal wieder was verdienen. Mir bleibt nur eins: hemmungslose Bettelei. Das
fällt mir nicht schwer, denn meine Verzweiflung ist im-
mens. Ich sinke vor Erzieherinnen auf die Knie, ich heule
bei meinen monatlichen Wartelistenbestätigungsrund-
rufen am Telefon. Ich lüge schamlos, ich sei gerade verlassen worden, nun also alleinerziehend und mittellos. Ich
sei gerade Opfer einer innerfamiliären Großkatastrophe
geworden und völlig verzweifelt. Und dieser Knoten da in
meiner Brust, wer weiß, wie lange ich noch … Bitte, bitte,
ich flehe Sie an, bitte betreuen Sie mein Kind!

Ich telefoniere mit einer Freundin, die in einer bayeri-
schen Kleinstadt lebt, und schildere ihr mein Leid.

»Du jammerst auf hohem Niveau«, sagt sie mir. »Du
hast immerhin eine Chance auf einen Kita-Platz, auch
wenn sie gering ist.« Bei ihr auf dem Land gibt es für Kin-

der unter drei überhaupt keine Krippenplätze, mal ganz abgesehen davon, dass die Nachbarn sie vermutlich nicht mehr grüßen würden, käme sie auf die Idee, ihr Kind vor dem dritten Lebensjahr »fremdbetreuen« zu lassen. Und wenn ihre Tochter dann mit drei in den Kindergarten gehen kann, muss sie sie mittags für eine Stunde abholen, da macht der Laden nämlich zu – Mittagspause!

Ich schlucke. Und frage mich, wie das wohl ist, wenn man tatsächlich alleinerziehend und mittellos ist und sich in der Tagesschau das dummdreiste Gelaber konservativer Politiker anhören muss, die einen Ausbau der Kinderbetreuung und arbeitende Mütter für den Untergang der Zivilisation halten!

Phase 6: Ich resigniere

Inzwischen liegen dreizehn Monate Kita-Platz-Suche hinter mir – ohne jeden Erfolg. Es ist zwecklos. Ich gebe auf. Ich suche nicht mehr, ich rufe nirgends mehr an, ich bettle nicht mehr und werfe mich nicht mehr genervten Erzieherinnen vor die Füße.

Ich plane ein großes Gelage für mich und meine Freundinnen Karla, Sabine und Anne – die drei, die mich vollkommen zu Recht vor allzu laxem Umgang mit der Kinderbetreuungsfrage gewarnt hatten. Mein neues Leben als frustrierte Hausfrau möchte ich wenigstens mit viel Alkohol und einem Schweinebraten einläuten und meinen Freundinnen geloben, in Zukunft besser auf sie zu hören.

Ich stehe an der Supermarktkasse, den Wagen voller

Rotwein und anderer Köstlichkeiten, die meinem Dispo und meinen Hüften großen Schaden zufügen werden. Ich bezahle und packe zusammen, füttere Ben, der noch im Einkaufswagen thront, mit Reiswaffeln. In der Schlange hinter mir steht eine junge Frau, blass und in viele bunte Schals gewickelt. Sie hat nur eine kleine Packung Tampons aufs Band gelegt und wühlt jetzt hektisch in ihrer übergroßen Handtasche herum.

»Scheiße, Geldbeutel vergessen!«, murmelt sie.

Ich sehe die Verzweiflung in ihren Augen, die Hand, mit der sie sich ihren schmerzenden Unterleib hält, und fische zwei Euro aus meiner Tasche.

»Oh, Danke! Tausend Dank!«, sagt sie, nimmt die Münze, bezahlt ihre Tampons und mustert mich. »Wir haben uns doch schon mal gesehen, oder?«

»Nicht dass ich wüsste«, antworte ich.

»Trotzdem noch mal vielen Dank, Sie haben mich gerettet. Wenn wir uns noch mal sehen, revanchiere ich mich!«, sagt sie und verabschiedet sich.

Am nächsten Morgen sitze ich, noch schwer verkatert, mit Ben auf dem Fußboden und baue Türmchen, als das Telefon klingelt.

»Hallo, hier ist Annabelle, ich bin Erzieherin in der Elterninitiative Wilde Schlümpfe. Sie hatten sich doch um einen Platz für Ihren Sohn Ben bei uns beworben. Ist das noch aktuell?«

»Aber so was von!«, antworte ich, und mein Herz pocht wie irre.

»Na dann: herzlichen Glückwunsch. Bei uns ist jemand abgesprungen, und jetzt haben wir noch einen Platz frei. Wir haben uns doch gestern im Supermarkt gesehen, erinnern Sie sich? Sie waren mir gleich so bekannt vorgekommen, ich hatte Ihre Bewerbung mit dem Foto neulich mal in der Hand …!«

Jetzt heule ich.

Hemmungslos.

Vor Erleichterung.

»Danke, o danke, danke!«, schluchze ich ins Telefon. »Sie wissen gar nicht, wie dankbar ich Ihnen bin. Wenn ich irgendwann noch mal eine Tochter haben sollte, dann wird sie Ihren Namen tragen, ich schwör's!«

Annabelle lacht am anderen Ende der Leitung. »Ach, hören Sie auf. Das habe ich schon von so vielen Müttern gehört. Eigentlich müsste bald der halbe Stadtteil Annabelle heißen.«

So also ist Ben einer von den Wilden Schlümpfen geworden – und ich zu Benni-Mama. All die Bettelei, das Feilschen um einen guten Wartelistenplatz, das ständige Anrufen, die Präsenz auf Sommerfesten, Weihnachtsbasaren und an Tagen der offenen Tür, die ganze unwürdige Schleimerei, der erbitterte Konkurrenzkampf mit anderen Müttern – hätte ich mir alles sparen können. Am Ende habe ich für Ben einen Kita-Platz bekommen, weil ich einer Frau in menstruellen Nöten geholfen habe. Es war reines Glück. Vollkommene Willkür. Und trotzdem rate ich all euch schwangeren Frauen da draußen: Lasst eure Bäuche auf die Warteliste setzen. Sofort!

Die Tücken der Mitmach-Kita

Warum gegen Kochdienst, Putzdienst und Wandertagsdienst nur die Geschlechtsumwandlung hilft

»Ihr seid doch zeitlich flexibel, oder?«, fragt mich Therese-Mama, die mir den Vertrag für einen Betreuungsplatz bei den Wilden Schlümpfen aushändigt.

»Klar!«, sage ich.

»Das ist wichtig, denn wir erwarten natürlich, dass ihr euch hier engagiert. Es gibt regelmäßigen Putz- und Küchendienst, manchmal müssen die Eltern einspringen, wenn eine der Erzieherinnen krank ist. Es muss eingekauft und der Wandertag organisiert werden. Und wir machen ja auch die ganze Personalbuchhaltung selbst.«

Die Wilden Schlüpfe sind als Verein organisiert, und Therese-Mama ist der Vorstand. Sie ist eine »Gründungsmutter«, ein Vereinsurgestein, engagiert bis zur Selbstaufgabe. Der müde Blick und der bittere Zug um ihren Mund verraten, dass ihr Ehrenamt viel Arbeit und wenig Ehre einbringt.

Therese-Mama führt das Kassenbuch und kümmert sich um die neuen Eltern, regelt den Kontakt mit der Stadtverwaltung und führt den Dienstplan. Einst hat sie mit einer Gruppe anderer Eltern den Kindergarten gegründet, Räume gesucht und renoviert, die beiden hochengagierten Erzieherinnen Petra und Annabelle eingestellt, behördliche Genehmigungen eingeholt, mit der städtischen Kita-Aufsicht gestritten, sich Gedanken über Farbkonzepte für die Kuschelecke und die Wirkung eines Delphinmosaiks im Bad auf die kleinkindliche Verdauung gemacht.

»Du glaubst nicht, wie stressig die Sache mit dem Brandschutz war!«, erzählt sie, und es klingt wie ein Frontbericht. Wochen hat es gedauert, bis die Wilden Schlümpfe den Betrieb aufnehmen konnten. Tage voller Zerwürfnisse und Diskussionen mit den anderen Eltern, durchgearbeitete Wochenenden, Ordner voller Behörden-korrespondenz. Eine Woche nach der Eröffnung ist The-rese-Papa aus der gemeinsamen Wohnung ausgezogen.

»Ich habe diesem Kindergarten meine Ehe geopfert«, sagt sie und schaut mir dabei fest in die Augen, so als wolle sie ergründen, was ich zu opfern bereit wäre, um die reibungslose Betreuung meines Kindes zu sichern.

Dann preist Therese-Mama die Vorzüge der Eltern-initiative: volle Mitsprache, toller Einblick in die pädago-gische Arbeit der Erzieherinnen, der familiäre Umgang untereinander, die Möglichkeit, einen wichtigen Teil des Alltags meines Sohnes ganz aktiv mitzugestalten. Ich ni-cke fleißig und betone noch einmal, dass ich mich sehr darauf freue, mich bei den Wilden Schlüpfen so richtig zu verausgaben. Dass ich selbständig bin und von zu Hause aus arbeite – also zeitlich sehr flexibel.

»Wunderbar«, sagt Therese-Mama. »Da freut sich dein Mann sicher, das macht die Sache für ihn deutlich leich-ter.«

Seit Ben im Kindergarten ist, geht Benni-Papa weiterhin jeden Tag ins Büro, während ich nun die knappe Zeit zwischen meinem Broterwerb und meinem Kita-Engagement aufteile. Zweimal im Monat bin ich mit Kochen dran, zweimal im Monat mit Putzen. Montags hat die Kita am Vormittag geschlossen, da treffen sich die Erzieherinnen zu einer Planungssitzung. Einmal im Monat bleibt die Kita am Freitagnachmittag zu, wenn die Erzieherinnen bei einer Supervision ihre Konflikte und Probleme aufarbeiten. Dienstags geht ein Teil der Kinder zum Schwimmunterricht, was eine zusätzliche Begleitung durch ein Elternteil erforderlich macht, genau wie am Wandertag. Im Krankheitsfall, bei Fortbildungen oder bei Betriebsausflügen übernehmen wir Eltern die Betreuung der Kinder natürlich auch. Alle sechs Monate ist Großputz- und Renovierungstag bei den Wilden Schlümpfen. Und dann gibt es natürlich noch drei Wochen Kita-Ferien im Sommer und noch einmal drei Wochen im Winter.

Ich muss die knappe mir verbleibende Zeit also sehr effizient zum Geldverdienen nutzen, um die knapp 500 Euro zu erwirtschaften, die Bens Kita-Platz uns monatlich kostet. Wobei ich dennoch ganz klare Prioritäten setzen muss, wenn ich mir nicht die Missachtung der anderen Eltern einhandeln will. Für einen wichtigen Abendtermin einfach nicht zur Sitzung der Arbeitsgruppe »Laternenumzug« gehen, der ich angehöre?

»Wenn dir dein Job so viel wichtiger ist als die Belange deines Kindes, dann musst du das wohl so entscheiden«, sagt Emma-Mama spitz.

Ich verschiebe also mein Arbeitsessen. Bastle Job-Termine um Einsatzpläne in der Kita-Weihnachtsbackwerkstatt herum. Komme zu spät zu einer wichtigen Präsentation, weil ich vorher noch im Baumarkt nach ausdünstungsfreier Wandfarbe in Apricot für den großen Kita-Renovierungstag suchen muss. Unterbreche wichtige Telefonate, weil in der anderen Leitung Bio-Bärbel anklopft, die mit mir dringend das Rezept für meinen nächsten Kochdienst durchsprechen will.

»Warum macht DIR eigentlich keiner Vorwürfe? Warum kannst du dich aus allem raushalten?«, frage ich Benni-Papa, erschöpft von der Koordination meiner diversen Verpflichtungen.

»Weil es für einen Mann ausreicht, einmal im Jahr beim Streichen zu helfen und zweimal im Jahr beim Elternabend aufzukreuzen, um als engagierter Vater zu gelten«, sagt Benni-Papa. »Und weil Mütter andere Mütter viel gnadenloser beurteilen als Väter. Außerdem sind wir Männer viel geschickter darin, Aktionismus vorzutäuschen. Nimm dir ein Beispiel an iDad!«

Da hat er recht, mein kluger Mann. iDad ist unser Computerfachmann und besetzt damit eine Nische, die ihm das Vortäuschen permanenten Engagements ermöglicht. Er ist nämlich der Einzige bei den Wilden Schlümpfen, der sich mit Computern auskennt. Früher war iDad mal ein echter Hacker, heute betreibt er ein Internet-Start-up und wartet darauf, dass sein Unternehmen irgendwann von Google oder Facebook gekauft wird und er mit den Millionen endlich seiner wahren Bestimmung folgen kann – zum Wohle der Menschheit die Weltherrschaft an sich zu reißen.

Seit zwei Jahren bastelt iDad an der Hompepage der Wilden Schlümpfe. Das sollte für ihn eine Sache von wenigen Stunden sein, schließlich ist er ja vom Fach.

Aber natürlich will iDad nicht irgendeine Homepage basteln, sondern eine, die seinen Ansprüchen in puncto Design, Sicherheit und Funktionalität entspricht. Und diese Ansprüche sind hoch (siehe Weltherrschaft). Sollten in 4000 Jahren Cyber-Archäologen auf die Datenruine »Homepage der Elterninitiativ-Kita Wilde Schlümpfe e. V.« stoßen, soll es ihnen angesichts der technischen und optischen Vollkommenheit die Sprache verschlagen, etwa so, wie es den Findern der Nofretete ergangen sein muss.

Immer wenn wir Eltern iDad vorsichtig nach der Homepage fragen, hat er tausend gute Gründe, warum sie noch nicht fertig ist. Die Firewall steht noch nicht richtig, irgendwas stimmt noch nicht mit der Bildauflösung, die Fonds harmonieren noch nicht, noch so viele Bugs, die beseitigt werden müssen. iDad jongliert lässig mit viel Fachchinesisch, wischt dabei auf seinem Smartphone herum, und wir nicken ehrfürchtig. Schließlich haben wir alle keine Ahnung von seinem Metier und sind dankbar, dass er sich kümmert. Und wehe, wir machen Druck und fragen zu detailliert nach!

»Wenn ihr das alles besser könnt und glaubt, ihr kriegt das schneller hin – bitte sehr!«, sagt iDad dann beleidigt – und wir Technik-Nullen kuschen und beeilen uns zu versichern, dass wir vollstes Vertrauen in iDads überragende Programmiererfähigkeiten haben. Weil uns nichts anderes übrigbleibt. So kann sich iDad aus beinahe allen anderen Kita-Verpflichtungen heraushalten. Muss nie die Weihnachtsfeier organisieren, nie das Kinderschminken zur Faschingsfeier übernehmen, nie einkaufen, nie neue Regale anschrauben. Weil er ja die Homepage macht.

Fairerweise muss man vielleicht sagen, dass wir Mütter es den Vätern auch sehr einfach machen, sich dem ganzen Kram weitgehend zu entziehen. Der Kindergartenkosmos ist so östrogendurchflutet, so weiblich dominiert, dass Männer ohnehin nicht wirklich ins Bild passen. Da können die Damen noch so sehr nach den neuen Vätern schreien und die Wichtigkeit ihrer beruflichen Karriere besingen – wenn es darum geht, wer den besten Käsekuchen backt und den tollsten Kindergeburtstag ausrichtet, legen sie einen Ehrgeiz und einen Siegeswillen an den Tag, der ihnen im Job oft völlig abgeht. Und die Männer machen keine Anstalten, ihren Frauen diese Spielwiese streitig zu machen.

Ein gutes Beispiel, wie sehr vor allem wir Frauen mit zweierlei Maß messen, ist Luzi-Papa. Ein schwarzgelockter Physiotherapeut mit melancholischem Blick – und nach dem tragischen Krebstod seiner Frau vor drei Jahren alleinerziehend. Maximal ein dreibeiniger Hundewelpe könnte größere Beschützerinstinkte bei den Müttern der Wilden Schlümpfe auslösen. Dieses Schicksal! Wie der das schafft, so ganz allein, mit dem Kind. Und dann noch den Job auf die Reihe kriegen, Wahnsinn!

Keine von uns käme auf die Idee, Luzi-Papa mangelndes Engagement anzukreiden. Und wenn er doch mal ein Blech Donauwellen zum Adventsbasar mitbringt, kriegen alle Mütter feuchte Augen.

»Echt, du weißt doch, du musst das nicht machen! Du hast doch so schon so viel um die Ohren«, flötet Bio-Bärbel, die sonst jede Kuchenspende misstrauisch auf ihren Vollkornanteil abcheckt.

Luzi-Papa ist Gegenstand diverser Patchwork-Phantasien und hat bei den Wilden Schlüpfen sehr viele weibliche Fans. Nur eine hasst ihn aus tiefstem Herzen – und das ist Therese-Mama. Die ist schließlich auch alleinerziehend, nur interessiert das keine Sau. Wenn Therese-Mama neben ihrem Job als Bankangestellte der örtlichen Sparkasse und den diversen gerichtlichen Auseinandersetzungen mit ihrem zahlungsunwilligen Ex noch bis spät in die Nacht die Lohnbuchhaltung der Kita erledigt, Kassenbelege einklebt und Dienstpläne aussheckt, nimmt das niemand groß zur Kenntnis. Bei Luzi-Papa reicht es, wenn er die Haare seiner Tochter morgens zu zwei Zöpfen geflochten hat, um den weiblichen Teil der Elternschaft in ehrfürchtiger Hingabe »Also, wie du das hinkriegst. Echt toll, wie du dich kümmerst« säuseln zu lassen.

Nicht mal, als Therese-Mama auf dem Kitaspielplatz einen erschöpfungsbedingten Heulkrampf bekommt, wird ihr ein ähnliches Maß an Zuwendung zuteil. Allein Erzieherin Annabelle, Meisterin im Tränentrocknen, nimmt die schluchzende Therese-Mama in den Arm und summt »La le lu«, während wir anderen uns diskret zurückziehen und uns das Spektakel von der anderen Seite des Sandkastens aus angucken.

»So ein Theater«, flüstert Bio-Bärbel und verdreht die Augen. »Soll sich nicht wundern, wenn sie immer alles an sich reißt.«

»Genau«, sekundiert Krümel-Mama. »Wo hört Engagement auf und fängt Wichtigtuerei an?«

»Zu lang nicht mehr gevögelt …«, mutmaßt Theo-Mama.

Dann sammeln wir alle unsere Kinder ein und gehen nach Hause.

Was man daraus lernen kann: Als Kindergartenmutter muss man auf einem schmalen Grat zwischen zu viel und zu wenig Engagement balancieren, um sich nicht verdächtig zu machen. Und man muss akzeptieren, dass Kindergartenmutter eine Art Zweit-Job ist, den man annehmen muss, wenn man seinen Erst-Job ausüben möchte. Der einzige Weg raus aus dieser Falle ist die Geschlechtsumwandlung.

Pastinaken aller Länder, vereinigt euch!

Von Bio-Fanatikern und Discounter-Guerilleros in der Kita-Küche

Nie werde ich Bens Gesichtsausdruck vergessen, als wir ihm das allererste Mal einen Löffel Schokoladeneis in den Mund steckten. Ich sah förmlich, wie die Synapsen seines Kleinkindgehirns Funken sprühten angesichts dieser Konfrontation mit einer ersten, ordentlichen Portion Industriezucker. Sein Blick war eine Mischung aus Euphorie und Vorwurf: Wie konntet ihr mir dieses unfassbar leckere Zeug so lange vorenthalten? Ein Kind, das einmal mit den Segnungen der Süßwarenindustrie in Berührung gekommen ist, wird sich nie wieder mit Gurkenscheibchen abspeisen lassen, während alle anderen Nachtisch essen.

»Nachtisch gibt es bei den Wilden Schlümpfen aus Prinzip nicht!«, belehrt mich Bio-Bärbel am Tag vor meinem ersten Kocheinsatz. Sie ist meine »Ernährungspatin« und weist mich ein in die Ernährungsgrundsätze unserer Kita: Wir verwenden ausschließlich regionale Bio-Produkte, kochen vollwertig, fett- und fleischarm, aber nicht grundsätzlich vegetarisch. (»Die Kinder brauchen Eisen, musst nur darauf achten, dass gleichzeitig genug Vitamin C im Essen ist, damit sie es auch aufnehmen können.«) Wer kocht, kauft vorher ein (»Denk an die Kühlkette! Immer nur mit Kühltasche ins Geschäft!«), kocht in der Kita-Küche (»Alles gut durchbraten, aber das Gemüse nicht zerkochen!«), serviert den Kindern das Essen (»Und denk dran, das Auge isst mit!«) und räumt hinterher die Küche auf. Und natürlich müssen noch weitere Punkte beachtet werden: Keine rohen Eier, keine Rohmilchprodukte – und von jedem Essen muss eine kleine Probe genommen und für mindestens zehn Tage im Kühlfach eingefroren werden.

»Wenn du unsere Kinder vergiftest, dann kommen wir dir so auf die Spur!«, sagt Bio-Bärbel und lächelt industriezuckersüß.

Wenn es um die richtige Aufzucht ihres Nachwuchses geht, werden viele Eltern zu Fanatikern – und Bio-Bärbel ist so eine Art Ernährungs-Taliban. Ihren vierjährigen Sohn Ole bekocht sie so konsequent zuckerfrei und nährstoffreich, dass der arme Junge spätestens in der Pubertät zu einem Fertigpizza-Junkie werden muss – aus Protest gegen seine Mutter. Bio-Bärbel schrotet Körner, backt Brot, züchtet sechs verschiedene Arten von Sprossen auf ihrem Küchenfensterbrett, unterhält enge Beziehungen zu regionalen Ziegenkäsereien und kennt den Nährstoffgehalt von sämtlichen mir bekannten Gemüsesorten auswendig. Sie betreibt einen Onlinehandel für Salzkristalllampen und kleidet sich in große bunte Hanfschals. Trotz ihres angeblich so gesunden Lebenswandels hat Bio-Bärbel nämlich einen durchaus voluminösen Körperbau. Luzi-Papa schwört, dass er sie mal nachts um zwei an einer nahe gelegenen Tankstelle getroffen hat, wo sie gerade hektisch mehrere Schokoriegel und einen halben Liter Vanilleeis bezahlte.

Bio-Bärbel hat die gesunde Ernährung der Wilden Schlümpfe zu ihrer Mission gemacht. Nicht nur ihr Sohn soll zu einem vollkorngestählten Mitglied unserer Gesellschaft heranwachsen, auch alle anderen Kinder sollen die Segnungen vitalstoffreicher Kost erfahren. Unser Schwarzes Brett pflastert sie zu mit Zeitungsausschnitten über die zerstörerische Kraft von Zucker auf Kindergehirne, den Nutzen zinkreicher Kost gerade in der Erkältungszeit und warum der Darm – ja, auch der kindliche – die Gesundheitszentrale des Körpers ist und deshalb mit ausreichend Ballaststoffen auf Trab gehalten werden muss.

»Was möchtest du denn morgen kochen?«, fragt Bio-Bärbel beiläufig, nachdem sie meine Einweisung in die Hygienevorschriften und das Ernährungskonzept beendet hat.

»Also, ich hatte für den Anfang einfach an Nudeln mit Tomatensoße gedacht. Dinkelnudeln natürlich«, sage ich kleinlaut.

»Du, das gab es diese Woche doch schon«, sagt Bio-Bärbel. »Und so wie ich dich einschätze, hast du ein viel breiteres Repertoire. Nudeln mit Tomatensoße ist doch eher was für die Väter, die können ohnehin nichts anderes.«

Dann fischt sie aus ihrer Stofftasche ein Blatt Papier mit einem Rezept, das sie ganz zufällig heute Morgen im Internet gefunden hat: »Grünkernfrikadelle an buntem Wurzelgemüse«.

»Wirst sehen, die Kinder stehen total drauf«, sagt Bio-Bärbel noch zum Abschied.

Armer Ben, denke ich. Nicht nur, dass mein Sohn in seinem Kindergarten von Gesundheitsfanatikern gequält wird, jetzt muss nun auch noch ausgerechnet seine Mutter den Tiefpunkt des Wochenspeiseplans zubereiten.

Grünkernfrikadellen! Wird sich mein ruinierter Ruf als Köchin auf Bens Status in seiner Kinderclique auswirken? Wird er von den anderen Kindern als Grünkernfresser verspottet werden? Werden sie aus Angst vor zuckerfreiem Kuchen nicht zu seinem Kindergeburtstag kommen wollen?

Zum Glück rettet mich Erzieherin Petra, die im Krieg der Körner so etwas wie eine Partisanin auf der Seite des gesunden Menschenverstandes ist.

»Na, hat dich Bio-Bärbel schon indoktriniert? Was sollst du denn kochen?«, fragt sie mich, als ich Ben nachmittags abhole. »Grünkernfrikadellen an Wurzelgemüse«, sage ich tapfer.

Petra lacht laut und dreckig. »O Gott, du Arme. Pass auf: Wenn du morgen einkaufen gehst, besorgst du einfach Fischstäbchen, Tiefkühlerbsen und Kartoffelbrei aus der Packung. Meinetwegen im Biomarkt. Die Kinder werden es dir danken. Und ich erst, ich esse den Kram ja schließlich auch!«

In der Nacht spukt Bio-Bärbel durch meine Träume. Sie drischt mit einer riesigen Lauchstange auf mich ein und schreit: »Fischstäbchen? Du miese Verräterin! Wie konntest du das unseren Kindern antun?«

»Aber es war alles bio, ich schwör's«, schluchze ich und versuche, ihre Schläge abzuwehren.

Am nächsten Morgen ziehe ich also mit meiner Kühltasche los in den örtlichen Biosupermarkt. Ich packe vier Beutel Tiefkühlerbsen und vier Packungen Pulverkartoffelbrei in meinen Korb, überschlage grob, wie viele Fischstäbchen vierzehn Kinder und zwei Erzieherinnen verputzen (etwa fünfzig!), und reihe mich in die Schlange vor der Kasse ein, als mich das schlechte Gewissen überkommt. Also stelle ich den Fertigkartoffelbrei zurück ins Regal und packe noch zwei große Säcke Kartoffeln ein, um wenigstens hier Bio-Bärbels Ansprüchen zu genügen.

In der Kita-Küche angekommen, fange ich an mit Kartoffelschälen. Plötzlich steht Krümel-Mama in der Küchentür.

»Hallo, wollte nur mal vorbeischauen und gucken, was du so kochst!«, sagt sie und zieht sich fröstelnd die Pulloverärmel über die knochigen Finger.

»Fischstäbchen, Kartoffelbrei und Erbsen«, sage ich.

»Oh, könntest du bei Krümels Portion die Erbsen weglassen? Er kriegt immer so schlimme Blähungen von Hülsenfrüchten. Und machst du Butter an den Kartoffelbrei? Oder Milch?«

»Klar, ohne Butter und Milch schmeckt der ja nicht so richtig.«

»Also, würde es dich stören, für Krümel eine kleine laktosefreie Extraportion zu machen? Er hat doch diese Intoleranz … Und noch was, aber das muss unter uns bleiben«, flüstert Krümel-Mama, schaut hektisch in Richtung Tür und zieht ein kleines Medizinfläschchen aus der Tasche. »Das sind Krümels Tropfen, er hat sich heute Morgen geweigert, sie zu nehmen, und es wäre total nett, wenn du ihm die einfach in sein Essen rühren könntest. Sind auch rein homöopathisch. Gegen seine Unruhe, verstehst du?«

Unruhe? Krümel?? Dieser kleine, blasse, schüchterne Kerl? Als Krümel-Mama wieder weg ist, frage ich bei Erzieherin Petra nach.

»Quatsch, der hat keine Unruhe, der hat Hunger!«, sagt die und rät mir, die Tropfen wieder zurück in Krümels Garderobenfach zu stellen und ihm in Gottes Namen seine hülsenfrucht- und laktosefreie Portion zuzubereiten, so wie von Krümel-Mama bestellt. Schließlich müssen wir auf die Wünsche der Eltern Rücksicht nehmen.

»Krümel-Mama hat mir allerdings noch nie gesagt, dass ich ihrem Sohn nach dem Mittagessen keine Leberwurstbrote schmieren darf«, sagt Petra verschwörerisch. »Die verträgt er nämlich bestens. Und von irgendwas muss der arme Kerl ja auch mal satt werden.«

Während ich die fünfzig Fischstäbchen auf zwei Backbleche verteile, klärt mich Petra über den Kriegsschauplatz Kita-Kost auf. Es ist nämlich so, dass Bio-Bärbels Ansatz nicht von allen Eltern für gut befunden wird. Manche würden das Kita-Essen gern ganz vegetarisch halten, es gab auch schon viel Streit darüber, wie oft im Monat Fisch auf dem Speiseplan der Kinder stehe sollte, wegen der guten Omega-3-Fettsäuren, die ja so wichtig sind für die geistige Entwicklung. Andere stören sich an den nicht unerheblichen Kosten, die so ein Großeinkauf im Biomarkt aufwirft, und wollen lieber beim Discounter einkaufen gehen. Das Regalfach, in dem die Früchteteebeutel lagern, wird regelmäßig Opfer von Guerillaattacken: Der teure Biofrüchtetee verschwindet und wird heimlich gegen Aldi-Ware ausgetauscht, was Bio-Bärbel und ihre Anhänger in der Elternschaft zur Weißglut bringt. Wer weiß, zu welchen Ungeheuerlichkeiten Menschen noch fähig sind, die Biofrüchtetee klauen und dem Nachwuchs dafür pestizidverseuchte Billigware unterjubeln?

Dann gibt es Mütter, die aus Faulheit, aber auch Pro-

test gegen die Bevormundung durch Bio-Bärbel Vollkorn-
nudeln mit Bioketchup servieren. Oder das Nachtisch-
verbot umgehen, indem sie den Nachtisch einfach dem
Hauptgericht beifügen: »Hühnerfrikassee mit Wildreis
und Schokopudding« zum Beispiel. Harkan-Mama ent-
geht der Kontrolle durch die anderen Eltern, indem sie
ausschließlich die türkischen Bezeichnungen ihrer Gerichte in den Wochenspeiseplan einträgt.

Erzieherin Petra hat in ihrem Spind einen kleinen Ge-
heimvorrat an Tröste-Gummibärchen angelegt, von dem
überproportional häufig Krümel und Bio-Bärbels Sohn Ole
profitieren. Außerdem schmiert sie heimlich Brote, wenn
mal wieder allzu gesund gekocht wurde und die Kinder
die Hälfte auf ihren Tellern haben liegen lassen. »Denn
wenn Krümel-Mama hier mittags ihre Miniportionen Ge-
müsebrühe austeilt, dann müssen die Kinder hinterher
ohnehin noch was essen, sonst kriegen wir die gar nicht
über den Tag«, sagt sie.

Aber zurück zu meinem ersten Versuch als Kita-Köchin.
Inzwischen habe ich einen riesigen Berg Kartoffeln ge-
schält und gekocht und meinen Kartoffelstampfer aus der
Tasche geholt, den ich von zu Hause mitgebracht habe.
War es möglicherweise etwas überambitioniert, Kartoffelstampf für sechzehn Personen zuzubereiten? Ich lege erst
mal los, stampfe und quetsche und ächze, was das Zeug
hält.

»Hatte ich dir nicht gesagt, du sollst das lösliche Pul-
verzeugs kaufen?«, fragt Petra mitleidig.

Aber ich lasse mich nicht kleinkriegen. Der Bizeps
schmerzt, die Fischstäbchen verbrennen langsam im

Ofen, die Erbsen im Topf werden matschig – aber am Ende stehen sechzehn Portionen mit Liebe und bloßen Händen zubereiteter Kartoffelbrei auf dem Küchentresen. Biokartoffelbrei, wohlgemerkt.

Sechzehn Portionen?

Siedend heiß fällt mir ein, dass ich die laktosefreie Extra-Portion für Krümel vergessen habe. Ich reiße alle Schränke auf und finde noch eine halbe Packung Kartoffelbreipulver, die ich schnell mit heißem Leitungswasser zu einer blassen Pampe verrühre. Armer Krümel.

Dann kommen die Kinder. Piep-piep-piep-wir-ham-uns-alle-lieb-guten-appetit – und es geht los.

»Geil, ey, Fischstäbchen!«, rufen Luzi, Ole und Pia, als ich meine Kreation serviere. Erzieherin Petra guckt zu mir und hebt den Daumen – alles richtig gemacht. Die Kinder essen begeistert. Und sogar Krümel weiß sich zu helfen: Beherzt tauscht er eines seiner Fischstäbchen gegen Luzis halbe Portion Kartoffelstampf.

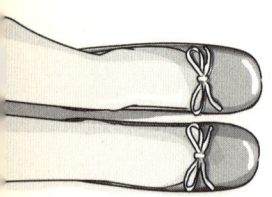

Elternabend

Tagesordnung:
1. Homepage
2. Putzdienst
3. Essenskonzept
4. Sonstiges

Schon wieder Elternabend. Die Gala der großen Ärsche auf den viel zu kleinen Stühlen. Gibt eben wahnsinnig viel zu diskutieren bei den Wilden Schlümpfen, und weil nicht alle Themen morgens in der muffigen Kita-Garderobe zwischen Matschhosen und Gummistiefeln oder nachmittags auf dem Kita-Spielplatz eingehend genug behandelt werden können, treffen wir uns alle zwei Monate zu diesem Pflichttermin.

Wieder sitzen wir im Kreis um den niedrigen Maltisch und nippen am Früchtetee. Warum wir diese Treffen eigentlich nicht in irgendeine Kneipe verlegen, frage ich Luzi-Papa. »Keine Ahnung, aber ich denke, je unbequemer wir sitzen, desto schneller ist die Sache auch wieder vorbei. Stell dir Bio-Bärbel mal mit zwei Glas Wein im Kopf vor – da müssten wir dann ja die ganze Nacht lang diskutieren.«

Recht hat er, der Luzi-Papa. Je eher daran, desto schneller davon. Therese-Mama schreibt wie immer das Protokoll und seufzt dabei viel. Außerdem hört man es hüsteln und schniefen, und neben dem üblichen Geruch nach Windeleimer und Kinderschweiß hängt heute noch der Duft von Hustenbonbons in der Luft. Die erste große Krankheitswelle des Jahres zieht durch unseren Kindergarten.

Doch dazu gleich mehr, jetzt geht es erst mal um die Kita-Homepage.

»Also, die Beta-Version steht«, sagt iDad sichtlich zufrieden mit sich selbst. »Aber es gibt da so ein ganz neues Tool, das ich gern noch einbauen würde. Damit könnten wir einen Online-Fragebogen für potentielle Neueltern erstellen und die Bewerber dann gleich automatisch nach Tauglichkeit für die Wilden Schlümpfe ranken, anhand von bestimmten Schlagworten und Kriterien.«

Und welche Kriterien wären das?

»Na, zum Beispiel Berufe der Eltern. Handwerker werden höher gerankt als Medienfuzzis. Und Kinder mit komplizierten Allergien werden ganz niedrig gerankt«, sagt iDad.

»Das ist doch menschenverachtend«, schnaubt Bio-Bärbel.

»Warum? Wir erleichtern uns doch nur die Arbeit. Und de facto haben zeitlich flexible Handwerker mit robusten Allesfressern nun mal die besten Chance auf einen Platz bei uns«, sagt iDad.

Und Therese-Mama ergänzt: »Je größer die Möglichkeit ist, sich hier bei uns zeitlich einzubringen, umso höher sollte so jemand im Ranking stehen.«

»Aber damit haben doch die die besten Chancen auf einen Kita-Platz bei uns, die ihn am wenigsten brauchen: Hausfrauen«, werfe ich ein.

Harkan-Mama sorgt sich um die Diversität unseres Kindergartens: »Wenn demnächst nur noch allergiefreie Kinder mit Handwerkervätern und Hausfrauenmüttern hier unterkommen, was für ein Bild von der Gesellschaft bekommen dann unsere Kinder?«

»Apropos Kinder. Ich finde, wir sollten die Meinung der Kinder nicht einfach so übergehen«, sagt Sheila-Mama. Warum wir denn nicht einfach unsere Kinder entscheiden ließen, mit welchen neuen Spielkameraden sie ihre Kita teilen wollen?

»Und wie stellst du dir das vor? Sollen dann potentielle Neueltern ihre Einjährigen hier vor einer Jury aus vier-jährigen Dieter Bohlens präsentieren, oder was?«, fragt Erzieherin Petra.

»Menschenverachtend!«, schnaubt Bio-Bärbel, und iDad schlägt schließlich die Gründung einer Arbeitsgruppe vor, um genaue und faire Kriterien für sein Ranking-Tool zu erarbeiten, ohne das er die Homepage nicht fertigstellen kann.

Nächster Punkt: die Verteilung der Elterndienste. Erzieherin Annabelle, heute etwas heiser, bekommt das Wort und flüstert: »Also, es wäre total schön, wenn ihr beim Putzen ein ganz kleines bisschen mehr darauf achten könntet, dass ...« Da versagt ihr endgültig die Stimme.

Und während Annabelle noch vor sich hin hustet, übernimmt Petra:

»Annabelle wollte sagen: Ihr putzt nicht ordentlich genug. Vor allem im Bad. Das muss besser werden.«

Krümel-Mama reckt einen knochigen Finger in die Höhe: »Also, ich übernehme ja ziemlich häufig Putzdienste, und ich habe das Gefühl ... na ja, wie soll ich sagen ... ich glaube, dass nicht alle Jungs bei uns im Sitzen pinkeln. Und das empfinde ich schon als eine ziemliche Zumutung. Für die anderen Kinder und für den Putzdienst.«

Zustimmendes Nicken, vor allem bei den Mädchenmüttern. Nur Leon-Papa rollt mit den Augen. Diese Herabsetzung von männlichem Verhalten, diese Domestizierung vonseiten überempfindlicher Frauen habe er gründlich satt: »Dass Männer im Stehen pinkeln, ist das Normalste von der Welt, und ich werde meinen Sohn nicht zum Sitzpinkler machen, nur um hier ein paar Hysterikerinnen zufriedenzustellen.«

»Du hast gut reden, den Putzdienst übernimmt ja immer deine Frau!«, sagt Krümel-Mama. Und außerdem sei man hier nicht im Fußballstadion, und es sei ja wohl nicht zu viel verlangt, wenn die jungen Herren früh daran gewöhnt werden, auf die Bedürfnisse ihrer Umgebung Rücksicht zu nehmen. Krümel würde ja auch im Sitzen pinkeln, und es habe ihm bislang nicht geschadet.

»Vielleicht würde es ihm aber mal ganz guttun, ein bisschen öfter im Stehen zu pinkeln«, höhnt Leon-Papa und bekommt Unterstützung von Harkan-Mama:

»Warum müssen sich immer die Jungs den Mädchen anpassen? Ich würde auch im Stehen pinkeln, wenn ich könnte. Ist doch viel hygienischer!«

Allgemeines Durcheinanderreden. Ich versuche, einen Kompromiss vorzuschlagen: »Vielleicht können wir uns darauf einigen, dass die Jungs im Stehen pinkeln dürfen, unter der Voraussetzung, dass sie die Brille hochklappen, ordentlich zielen und hinterher saubermachen.«

»Pah, das klappt ja noch nicht mal bei erwachsenen Männern«, sagt Therese-Mama.

»Es gibt Studien, die belegen, dass Damentoiletten schmutziger sind als Herrentoiletten. Ihr müsst euch hier nicht als Pinkelengel aufspielen«, ruft Leon-Papa.

»Vielleicht könnte man eine kleine Ente in die Kloschüssel kleben, auf die die Jungs zielen können«, schlägt Sheila-Mama vor und plädiert für eine gründliche Einweisung der Jungs in das Thema Toilettenhygiene durch unser pädagogisches Fachpersonal.

»Kontrolle über die eigenen Körperausscheidungen ist ein ganz wichtiger Entwicklungsschritt für die Kinder. Diesen Prozess dürfen wir nicht mit zu viel Reglementierung überfrachten«, flüstert Erzieherin Annabelle.

»Dann führen wir eben getrennte Toiletten ein«, schlägt Emma-Mama vor.

»Ja, aber nicht für Jungs und Mädchen, sondern für Sitz- und Stehpinkler«, sagt Krümel-Mama. »Und ich bin dafür, dass die Herren Väter einen Monat lang alle Putzdienste übernehmen.«

»Das klappt nie«, sagt Erzieherin Petra.

Leon-Papa kündigt an, dass er sich persönlich nach Kinderpissoirs erkundigen werde, und sollte es so was geben, würde er zum Wohle seines Sohnes und aller anderen eines spendieren.

Ende der Diskussion.

Jetzt haben wir alle die richtige Betriebstemperatur, um zu unserem immerwährenden Lieblingstagesordnungspunkt zu kommen: dem Essenskonzept. Bio-Bärbel hat mal wieder Verbesserungsvorschläge:

»Ich möchte diesem ständigen Streit um die Früchteteebeutel gern ein Ende setzen. Die guten aus dem Biomarkt werden ständig geklaut, und ich kann nicht gutheißen, dass unsere Kinder dieses unkontrollierte Billigzeug aus dem Aldi trinken. Ich bin dafür, dass die Kinder in Zukunft einfach Wasser trinken und wir die Teebeutel abschaffen.«

»Ja, da bin ich auch dafür, die Kinder sollen sich nicht so daran gewöhnen, dass alles immer nach etwas schmecken muss«, sagt Krümel-Mama, bei der sowieso selten irgendetwas anders als »neutral« schmeckt.

Andere Eltern stimmen zu: Die Kinder trinken zu Hause ja auch nur noch Saftschorle und damit viel zu viel Zucker. Fruchtzucker ist schließlich auch Zucker. Wir fördern die Suchtgefahr, wenn wir unsere Kinder schon von klein auf an solche Geschmäcker gewöhnen.

Ich nippe an meinem Früchtetee, um ihn noch mal auf sein Suchtpotential hin zu überprüfen, und stelle fest: Gefahr ist nicht im Verzug. Aber ich halte lieber den Mund und lausche der Debatte.

Erzieherin Petra wirft ein, dass es wichtig ist, dass die

Kinder viel trinken. Und sie trinken nun mal mehr, wenn ihnen auch schmeckt, was sie trinken.

»Ich glaube, der Kern des Problems ist die mangelnde Wertschätzung für Wasser, das wichtigste Nahrungsmittel überhaupt. Was für ein Bild vermitteln wir unseren Kindern, wenn wir ihnen ständig suggerieren, dass Wasser erst lecker schmeckt, wenn ein Teebeutel darin hängt?«, sagt Bio-Bärbel.

Sheila-Mama schlägt daraufhin vor, ob in der Kita nicht mal eine »Themenwoche Wasser« stattfinden könne, um den Kindern den wahren Wert dieser Ressource nahezubringen. Man könnte ein eigenes Feuchtbiotop anlegen, die Kinder verschiedene Mineralwassersorten verkosten lassen oder mal ein Klärwerk besuchen.

»Du willst den Kindern Wasser schmackhaft machen, indem du sie ins Klärwerk schickst? Ist das dein Ernst?«, fragt iDad, der kurz von seinem Smartphone aufsieht.

»Ist doch super«, sagt Krümel-Mama und kichert, »da kann der Leon gleich stehend im hohen Bogen ins Klärbecken pinkeln, und es geht garantiert nichts daneben!«

Nachdem der darauffolgende kleine Tumult abgeklungen ist, stimmen wir über die Teebeutelfrage ab. Bio-Bärbels Vorschlag wird mit knapper Mehrheit abgelehnt, der Früchtetee kann bleiben.

»Ich will endlich ein Bier. Sind wir bald durch?«, mault Leon-Papa. Ja, sind wir. Fast.

Erzieherin Annabelle schnäuzt sich und flüstert: »Ihr wisst, die Erkältungszeit geht los, und wir wissen natürlich, dass ihr alle arbeiten müsst, aber bitte, bringt eure Kinder nicht krank in die Kita.« Annabelle schüttelt sich vor Husten und läuft vor die Tür.

»Vielleicht könnten wir ja die Früchteteebeutel kurz-fristig durch kindgerechten Erkältungstee ersetzen?«, schlägt Luzi-Papa vor. Ein kollektiver Hustenanfall über-kommt uns alle, und bevor eine erneute Teebeuteldiskus-sion starten kann, rennen wir alle nach Luft schnappend ins Freie.

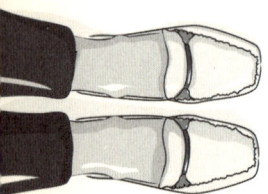

50 Shades of Rotz

Wie krank ist zu krank
für den Kindergarten?

Mutterschaft hat viel mit Körperflüssigkeiten zu tun –
und nein, ich spreche nicht vom Zeugungsakt. Mütter
beschäftigen sich in den ersten zwei bis drei Jahren deutlich mehr mit Kacke, Kotze und Rotze, als sie sich jemals
hätten vorstellen können. Dabei gilt, dass die Kacke,
Kotze und Rotze der eigenen Brut akzeptabel ist. Man
nimmt sie ohne größeren Ekel zur Kenntnis und kümmert
sich um die Entsorgung. Aber beim Rotz anderer Kinder
hört der Spaß auf. Wenn ich Ben in die Kita bringe und
diese grüngrau verkrusteten Kindernasen sehe, überall
schleimigen Husten in Kinderkehlen rasseln höre, dann
danke ich dem Schicksal dafür, dass ich nicht Erzieherin
geworden bin und in dieser Keimhölle meinen Lebensun-
terhalt verdienen muss.

Überhaupt leistet das Immunsystem einer Erzieherin
Enormes: Erkältungszeit ist von Oktober bis April. Dazu
ziehen jährlich drei bis vier Magen-Darm-Grippe-Epide-
mien durch die Kita. Ganz zu schweigen von Scharlach,
Streptokokken, Angina und Windpocken. Und dann gibt
es noch die Kopfläuse, die so viel Hysterie auslösen, dass
sie ein eigenes Kapitel verdient haben.

Unsere Erzieherinnen stehen also das ganze Jahr über
in dieser Keimdusche, putzen Nasen, wechseln Durchfall-

windeln, lassen sich anhusten und anspucken. Und weil unsere Personaldecke dünn und die Solidarität unter den beiden Kolleginnen hoch ist, schleppen sie sich auch noch halb krank zur Arbeit, um sich dann von wohlmeinenden Müttern gute Ratschläge anzuhören:

»Alle drei Stunden Aconitum-Globuli, Annabelle. Wirklich, das hilft!«

»Also ich schwör ja auf Wechselduschen und Nasenspülungen mit Emser Salz!«

»Rote-Bete-Saft morgens zum Frühstück, Petra. Es gibt nichts Besseres. Und mach dir gleich noch ein bisschen Ingwer rein!«

»Rote-Bete-Saft, ich glaub, es hackt!«, grummelt Erzieherin Petra. »Was mir wirklich helfen würde, wäre, wenn ihr eure Kinder nicht permanent krank in die Kita schicken würdet. Wenn das so weitergeht, müssen wir hier bald das Seuchenamt rufen. Gebt doch euren Rotznasen Rote Bete und meinetwegen Globuli und lasst sie sich richtig auskurieren!«

Petra, unsere handfeste Fachkraft alter Schule, trägt ihr Herz auf der Zunge und hat natürlich recht. Nichts ist entwürdigender als das Schauspiel einer gestressten Mutter, die versucht, ein krankes Kind gegen besseres Wissen in der Kita zu parken, um dem Ärger mit dem kinder- und verständnislosen Chef zu entgehen.

»Also, heute früh hatte Pia diese Flecken noch nicht!«

»Thore hat Durchfall, aber der kommt vom Zahnen, ganz bestimmt!«

»Krümel hat keinen Schnupfen, er reagiert allergisch auf die neue Wandfarbe, die ihr hier in der Garderobe benutzt habt.«

Der Höhepunkt war sicherlich Theo, der seiner Mutter einen Schwall halbverdauter Frühstücksflocken in den Ausschnitt ihres Hosenanzugs kotzte, während die vor ihm kniete, um ihm die Hausschuhe anzuziehen. Woraufhin Theo-Mama ihren Sohn an den Schultern packte, ihn eindringlich ansah und sprach: »Theo, Schatz, wir hatten uns doch darauf geeinigt, dass das gestern nur eine kurze Magenverstimmung war. Jetzt reiß dich bitte zusammen!«

Oder iDad, der seine grüngesichtige Tochter Java zur Kita-Tür hereinschob mit den Worten: »Wir haben zu Hause alle Magen-Darm, aber die Kleine ist noch ganz fit.«

Besonders uneinsichtige Eltern lädt Petra gern in den Toberaum ein mit den Worten: »Setz dich hier mal zehn Minuten hin und stell dir vor, du hättest Kopfschmerzen, total verschleimte Nebenhöhlen und leichte Temperatur, so wie deine Tochter. Würdest du hier in diesem Geräuschpegel gern acht Stunden zubringen? Nein? Dann nimm dein Kind gefälligst wieder mit nach Hause.«

Andererseits kenne ich den unglaublichen Groll, den ein dauerkrankes Kind noch in der fürsorglichsten Mutter zu wecken vermag. Sein erstes Kita-Halbjahr verbrachte Ben im beinahe durchgängigen Fieberdelirium, immer mal wieder unterbrochen von Magen-Darm-Infekten. Für mich hieß das: eine Woche arbeiten, drei Wochen zu Hause am Krankenbett des Kindes wachen. Genervte Kollegen, gerissene Deadlines, unzählige »Tut mir leid, ich kann das erst in zwei Wochen abgeben, das Kind ist krank. Ja, schon wieder!«-Telefonate. Ich kenne das Gefühl von Ohnmacht, das eine Mutter mit Termindruck ergreift, wenn sie nachts ihr Kind husten hört. Den bangen Blick aufs Telefon, wenn man das Kind trotz leichter Temperatur mit schlechtem Gewissen in die Kita geschickt hat, um schnell was wegzuarbeiten, und jederzeit mit dem Anruf rechnen muss, dass man seinen fiebernden Nachwuchs doch bitte abholen möge.

Ja, und wo bitte ist Benni-Papa? Kann der nicht auch mal zu Hause bleiben, wenn sein Sohn krank ist? Klar, kann er. Macht er auch, wenn ich ihn darum bitte. Um sich dann von seinem Chef anzuhören: »Sie wollen zu Hause bleiben, weil Ihr Kind krank ist? Ich dachte, Sie sind verheiratet!« Schade eigentlich, dass das nie einer meiner Auftraggeber mal zu mir sagt!

Eigentlich haben wir bei den Wilden Schlümpfen eine ganz klare Regel, wann ein Kind kitatauglich ist: Sobald der kleine Patient vierundzwanzig Stunden fieber- und symptomfrei ist, kann er wieder abgegeben werden. Vorher nicht. Eine Grauzone bilden die Rotznasen, die im Winter unvermeidlich sind. Hier gilt die Faustregel: grüne Rotze – ab ins Bett! Dunkelgelbe Rotze – ab nach Hause! Hellgelbe bis durchsichtige Rotze (sofern sie nicht mit Husten einhergeht und / oder literweise aus der Kindernase strömt) – ab ins Bällebad!

Natürlich erwartet die engagierte Elternschaft der Wilden Schlümpfe, dass auch die Erzieherinnen ihren Teil zur Kindergesundheit beitragen. Wäre ja noch schöner, wenn die Verantwortung für das Kindeswohl ganz allein den Eltern obläge.

»Ihr müsst mit denen auch im Winter viel öfter an die frische Luft gehen, das ist so wichtig fürs Immunsystem«, sagt Bio-Bärbel.

»Nein, sorry, das sehe ich ganz anders!«, sagt Emma-Mama. »Mich wundert es nicht, dass die Kinder immer krank sind, wenn ihr sie bei diesem nasskalten Wetter vor die Tür jagt.«

»Na, dann zieh deiner Tochter doch mal was Wetterfestes an, anstatt sie im Spätherbst im Ballerinakleidchen und in weißen Strumpfhöschen in den Kindergarten zu schicken«, sagt iDad.

Und Bio-Bärbel sagt: »Also ich finde, ihr könntet wenigstens ordentlich lüften. Hier in den Räumen ist immer so trockene schlechte Luft!«

»Ja, aber bitte nicht so lang, die Kinder spielen in diesem permanenten Luftzug, das kann nicht gut sein«, sagt Krümel-Mama.

Eine Mutter schlägt die Anschaffung eines Luftbefeuchters vor, der sensiblen Kinderschleimhäute zuliebe.

»Dann haben wir hier ja demnächst herrlichen Schimmelbefall, schönen Dank auch«, sagt Leon-Papa.

Erzieherin Annabelle erinnert daran, das morgendliches Lüften von etwa fünfzehn Minuten ohnehin durch das Gesundheitsamt vorgeschrieben ist. Und sie verspricht, sich kundig zu machen, wie viel frische Luft zu viel fürs kindliche Immunsystem sein könnte.

»Ihr könntet ja auch einfach auf unseren gesunden Menschenverstand vertrauen. Wir schicken eure Kinder nicht im Schneesturm vor die Tür und lassen niemanden absichtlich erfrieren«, schlägt Erzieherin Petra vor. Aber Appelle an den gesunden Menschenverstand verhallen in unserer Kita leider meistens ungehört.

Gleich neben »Ernährung« ist »Krankheit« nämlich das zweite Themengebiet mit ungeahntem Fanatisierungspotential. Auch hier geht ein tiefer Riss durch die Eltern-schaft der Wilden Schlümpfe: Auf der einen Seite die, die Schutzimpfungen für Kindesmisshandlung und Schul-medizin für Teufelszeug halten und die eitrigen Mittel-ohrentzündungen ihrer Kinder mit nichts als Zwie-belsäckchen behandeln. »Stell dir vor, er wollte uns ein Antibiotikum verschreiben!«, raunen sie mit entsetzten Blicken nach einem Besuch beim Kinderarzt. »Der wird doch von der Pharmaindustrie bestochen!« Stets haben die Pharmaverächterinnen das passende Fläschchen Glo-buli in der Tasche, um auf dem Spielplatz bei jeder Beule, jeder Minischramme »Komm her, Schatz, Arnika!« zu flö-ten. Zahnungsschmerz, Wachstumsschmerz, Trennungs-schmerz – es scheint keinen Schmerz auf dieser Welt zu geben, der sich in ihren Augen nicht mit homöopa-thischen Zuckerkügelchen lindern ließe. Das mag dar-an liegen, dass bei den meisten Eltern die letzte eigene eitrige Mittelohrentzündung schon, eine Weile zurück-liegt. Würde man sich als Erwachsener nach zwei durch-wachten Nächten mit höllischen Ohrenschmerzen noch ein Zwiebelsäckchen auflegen? Nein, man würde sich beim Arzt ein Antibiotikum und eine Packung Schmerz-tabletten besorgen, noch in der Apotheke die erste Dosis einwerfen und zu Hause mit einem Glas Rotwein nach-spülen.

Aber nicht alle Eltern schwören auf die Macht der Al-ternativmedizin. Bei den Wilden Schlümpfen grassiert auch das andere Extrem. Die fünfjährige Pia etwa hat einen dichten Terminkalender, voll mit Logopädie, Phy-siotherapie, Osteopathie. Das Mädchen macht einen völ-lig gesunden Eindruck, verbringt ihre Nachmittage aber hauptsächlich in Wartezimmern. »Pia hat schon die vierte Nacht in Folge diese Albträume gehabt, ich hab jetzt mal einen Termin beim Kinderpsychologen gemacht«, sagt Pia-Mama nachmittags beim Mütterplausch auf dem Kita-Spielplatz. Und Krümel-Mama fragt gleich nach der Telefonnummer, weil Krümel doch diese Unruhe habe und sie ihn nun endlich mal auf ADHS-Symptome untersuchen lassen wolle.

Aber zurück zur aktuellen Rotzsaison. In unserer Kita schnieft und schnauft es aus zwei Dutzend Kindernasen, in allen Räumen haben die Erzieherinnen kleine Türme aus Kleenex-Boxen aufgestellt und die Kinder ermahnt, sich die Nasen nicht mit dem Ärmel abzuwischen. Inzwischen sind tatsächlich alle Kinder erkältet und ein Ende der Seuche ist nicht abzusehen. Vor etwa einer Woche nämlich haben die letzten vernünftigen Eltern ihre Solidarität mit dem Kita-Kollektiv aufgekündigt.

»Also wenn Theo-Mama und iDad ihre Kinder immer krank in die Kita bringen, wo sie alle anderen anstecken, sehe ich nicht ein, warum ich Finn zu Hause lassen muss, obwohl er kaum Schnupfen hat. Ich muss auch arbeiten!«, sagt Finn-Mama. Da hat sie natürlich auch wieder recht.

Und deshalb pfeifen irgendwann alle Eltern auf die Rotzfarbskala und schicken ihre Kinder in den Kindergarten, um wenigstens mal einen Tag lang wieder im Büro aufzukreuzen.

Seit Tagen wabern nun also Wick-Vaporub-Dämpfe durch die Räume, die Kinder sitzen apathisch und mit glasigen Augen zwischen Legohaufen und Puppenkleidern. Unsere Erzieherinnen haben vor der Übermacht der Eltern kapituliert und werden von Tag zu Tag blasser.

Schließlich kommt ein abendlicher Rundruf von Therese-Mama: Beide Erzieherinnen liegen mit Schüttelfrost und Hustenkrämpfen im Bett und sehen sich außerstande, morgen zur Arbeit zu erscheinen. Drei Tage Quarantäne. Die Kita bleibt so lange geschlossen. Es sei denn, pro Tag fänden sich zwei Eltern, die eine Art Notbetreuung organisieren. Aus Solidarität mit den Eltern, die zeitlich nicht so flexibel sind und für die eine spontane Kita-Schließung eine mittlere Katastrophe bedeutet. Freiwillige vor!

Tja. Ich tauche tief hinab in die finstersten Ecken meiner schwarzen Seele und suche nach einem Funken Solidarität, der mich dazu bewegen könnte, mit meinem noch einigermaßen gesunden Kind in der Kita aufzuschlagen, um die Rotznasen anderer Leute zu hüten.

»Hast dich ja ganz schön rar gemacht in letzter Zeit. Meinst du nicht, du könntest auch mal wieder was für die Gemeinschaft tun?«, fragt Therese-Mama am Telefon.

Und so sitze ich am nächsten Morgen zusammen mit Thore-Mama zwischen schniefenden, röchelnden, fiebrigen Kindern im zum Lazarett umgewidmeten Kita-Toberaum, putze Nasen und reiche Getränke, lasse mich anhusten und beobachte den stetig größer werdenden Schleimfleck, den diverse Kindernasen beim Herumtragen auf meiner Schulter hinterlassen.

»Meine Florence Nightingale!«, sagt Benni-Papa, als er mir am Abend des dritten Tages einen Ingwertee und eine doppelte Dosis Aspirin reicht, mit der ich das Unvermeidbare doch noch abzuwenden versuche. Aber es nutzt nichts. Am nächsten Tag liegen Ben und ich beide mit Fieber, dicken Mandeln und Schnupfen im Bett.

Eins steht fest: Den Rotz meines eigenen Kindes ertrage ich gut. Die Hölle – das ist der Rotz der anderen!

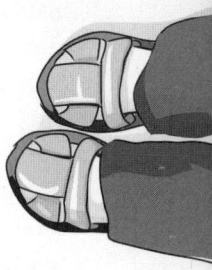

Neue Männer braucht die Kita!

Warum Praktikant Thorben dann leider doch nicht zum Rollenvorbild taugt

Die Wilden Schlümpfe bekommen einen Praktikanten. Soll heißen: einen waschechten Mann. Halleluja! Die Vorfreude ist groß, denn Männer, die sich für den Erzieherberuf interessieren und auch noch bereit sind, erst mal drei Monate lang unbezahlt als Praktikant zu arbeiten, sind selten. Und sind männliche Rollenvorbilder nicht ganz furchtbar wichtig für die Kinder? Gerade für die Jungs? Werden die nicht zu psychisch labilen Kreaturen, wenn ihnen nicht ab und zu ein echter Kerl zeigt, was es heißt, heutzutage ein Mann zu sein?

Verfolgt man die aufgeregte Debatte um die frühkindliche Bildung, wird schnell klar, wo alle Welt das größte Problem verortet: Unsere Kinder verweiblichen. Im Kindergarten und in der Grundschule – überall nichts als Frauen. Was die Östrogenrückstände im Trinkwasser nicht fertigbringen, schaffen spätestens all die kuscheligen, musisch orientierten, leise sprechenden Pädagoginnen, die den Jungs das Jungssein aus dem Leib schmusen. Ständig müssen die armen kleinen Kerle über ihre Gefühle sprechen, sich entschuldigen, Konflikte verbal lösen, still sitzen, anstatt sich mal eine ordentliche Keilerei zu liefern, wild zu toben, sich im Wettkampf zu messen.

»Aber wir toben doch auch mit den Kindern. Ich spiele

zum Beispiel oft Fußball mit den Jungs«, sagt Erzieherin Annabelle, die sichtlich irritiert ist über den überschäumenden Enthusiasmus, den die Aussicht auf einen männlichen Praktikanten in der Elternschaft auslöst.

»Ihr tut alle gerade so, als würden wir eure Söhne hier in rosa Tütüs stecken und sie zwingen, mit Puppen zu spielen«, grummelt Petra.

Unsere Erzieherinnen erinnern uns vielmehr daran, dass unser zukünftiger männlicher Mitarbeiter keinerlei pädagogische Kenntnisse mitbringen und umfangreiche Anleitung brauchen wird. Trotzdem, die Erwartungen an unseren Praktikanten sind hoch: Er soll sich ganz und gar auf seine Aufgabe als Rollenvorbild konzentrieren. Mit den Jungs auch mal raufen, in den nahen Stadtwald gehen und eine Räuberhöhle bauen. Aber natürlich auch zeigen, dass es total normal und okay ist, als Mann Gefühle zu haben. Zu weinen, wenn man beim Fangenspielen geschubst wird oder einen Leon nicht zum Geburtstag einladen will. Zeigen, dass Singen, Basteln und Windelwechseln nicht nur »Weiberkram« ist.

Dann also kommt er tatsächlich. Thorben, 34 Jahre alt. Hat in seinem Leben schon viel ausprobiert, war zwei Jahre mit dem Rucksack in Asien und Südamerika unterwegs, hat ein paar Semester Soziologie studiert, in einer Kneipe gejobbt, ein bisschen mit Gras gedealt und hier und da als Messebauer gearbeitet. Dann hat ihn seine Freundin rausgeschmissen, jetzt bezieht er Hartz IV und weiß nicht so richtig, wie es für ihn weitergehen soll. Deshalb hat ihn die Agentur für Arbeit zu uns geschickt. Thorben ist nämlich so gut wie nicht vermittelbar, nur in der Erzieherbranche sieht man Chancen für ihn. Männliche Erzieher werden schließlich händeringend gesucht, das Arbeitsamt fördert die berufsbegleitende Ausbildung von Quereinsteigern. Thorben kann ein bisschen Gitarre und Schlagzeug spielen und hat schon mal auf die Kinder seiner Schwester aufgepasst – sein Betreuer bei der Arbeitsagentur sieht damit die Voraussetzungen für eine Erzieherkarriere mehr als erfüllt. Und Thorben wollte nicht, dass »die Penner vom Amt« ihm weiter »auf den Sack gehen«, also hat er ja gesagt zum Praktikum bei den Wilden Schlümpfen.

Am ersten Tag kommt Thorben erst einmal zu spät (»Sorry, ey, aber acht Uhr ist echt nicht meine Zeit!«), wird aber am Nachmittag auf dem Kita-Spielplatz von den Müttern heftig belagert.

»Ist doch toll, dass er so viel Auslandserfahrung hat«, sagt Finn-Mama hinterher.

»Ja, und er kennt sich mit Werkzeug aus. Ich habe ihm gesagt, er soll mit den Kindern ruhig mal was hämmern und sägen im Wald«, sagt Sheila-Mama.

»Ist ja auch gut fürs Betriebsklima, wenn mal ein Mann dabei ist und diesen Weiberhaufen ordentlich aufmischt«, sagt Leon-Papa.

»Ich bin mir nicht sicher, ob ich den drei Monate lang ertrage«, stöhnt Erzieherin Petra.

Und Annabelle seufzt: »Lasst uns das Beste daraus machen. Vielleicht ist es ja für die Jungs ganz gut.«

Zwei Wochen nach Thorbens erstem Arbeitstag zeigt sich die Wirkung unseres männlichen Rollenvorbilds auch in Bens Verhalten: Er kann plötzlich rülpsen. Ein rülpsendes Kleinkind ist irre komisch. Ben rülpst wie ein

Liliputaner-Bauarbeiter und kringelt sich dann vor Lachen. Und wir lachen mit ihm. Ist doch süß, denke ich erst, und frage trotzdem mal bei Erzieherin Annabelle nach.

»Ja, das hat ihm Thorben beigebracht. Für die Jungs ist das inzwischen ein richtiges Ritual. Nach dem Guten-Appetit-Sagen beim Mittagessen rülpsen alle und lachen sich kaputt darüber.«

Theo-Mama ist empört, sie kann nicht dulden, dass ihrem Sohn in der Kita so ein Unsinn beigebracht wird.

»Aber ihr wolltet doch unbedingt, dass die Jungs sich auch wie Jungs verhalten dürfen und nicht immer gleich sanktioniert werden, wenn sie mal über die Stränge schlagen«, sagt Erzieherin Petra. »Lasst sie doch rülpsen, das geht auch wieder vorbei.«

Tut es aber nicht. Es geht nicht vorbei. Ben und all die anderen Jungs rülpsen inzwischen so gekonnt, dass man sie als Rülps-Chor bei »Wetten, dass …?« auftreten lassen könnte. Und nicht nur das:

»Leon hat neulich gesagt, meine Freundin Sabine hätte geile Titten«, erzählt Leon-Mama. »So kenn ich Leon gar nicht, ich weiß echt nicht, wo er so was her hat.«

Ich ahne, wo Leon so was her hat. Zumal auch Ben neuerdings mit Blick auf meine Brüste etwas in seiner noch sehr unverständlichen Kleinkindsprache sagt, was nach »Titten« klingt.

»Wie macht sich denn unser Praktikant?«, frage ich Erzieherin Petra ganz beiläufig eines Nachmittags, als ich Ben abhole.

»Na, der ist genau das Rollenvorbild, das ihr euch immer gewünscht habt für eure Söhne«, sagt Petra spöttisch. »Und ich glaube, er hat großen Spaß dabei. Schau es dir an!«

Ich öffne die Tür zum Toberaum und sehe Praktikant Thorben verschwitzt auf dem Boden liegen, um ihn herum ein Berg aus Kissen, Spielsachen und Kindersocken. Vier Jungs klettern auf Thorben herum, Ole schreit triumphierend: »Ich pups dir ins Gesicht, du Hurensohn!«

»Euch mach ich fertig, ihr kleinen Scheißer!«, ruft Thorben lachend und kitzelt und knufft die Kinder von seinem Bauch herunter. Dann zieht er eine seiner weißen Tennissocken vom Fuß und wedelt sie Leon ins Gesicht. Der kreischt, schnappt sich ein herumliegendes Schienenstück der Holzeisenbahn und rammt es Thorben in den Bauch.

In einer Ecke sehe ich Ben stehen, den Blick voller Bewunderung. Gegen ein Rollenvorbild wie Thorben dürfte es sein vergleichsweise vernünftiger Vater schwer haben.

»Stopp jetzt!«, ruft Erzieherin Petra in den Raum. »Thorben, wir hatten doch über die Verwendung von Fäkalsprache gegenüber den Kindern gesprochen, oder? Es ist schön, dass du mit den Jungs tobst, aber bitte mäßige dich verbal. Und jetzt räumt bitte alle zusammen auf.«

»Ja, Mama!«, mault Thorben, und die Jungs kichern.

»Noch Fragen?«, sagt Erzieherin Petra, als wir die Tür wieder hinter uns geschlossen haben.

Allerdings!

In den nächsten Tagen erfahre ich nach und nach, was Thorben so treibt bei den Wilden Schlümpfen. »Er degeneriert. Er will einer von den Jungs sein, kein Erzieher«, sagt Annabelle, gewohnt verständnisvoll. Das heißt: Thorben rülpst beim Essen, schmiert sich einen Bart aus Kartoffelbrei ins Gesicht, pupst mit den Jungs um die Wette, räumt nie auf, singt mit den Kindern »Die fette Elke« von den Ärzten und »Zehn kleine Jägermeister« von den Toten Hosen, verteilt heimlich Süßigkeiten und erzählt den Kindern, welche Mütter er besonders scharf findet und welche nicht. Einen Wandertag zur städtischen Polizeiwache ergänzt er mit Geschichten, wie er damals als Graffiti-Sprayer »Bullen verarscht« hat. Ich nehme an, wir können froh sein, dass er unseren Kindern während des Mittagsschlafs keine Filzstift-Penisse ins Gesicht malt.

»Also wenn du mich fragst: Thorben taugt allenfalls als Rollenvorbild für Arschlöcher. Und davon gibt es doch wahrlich schon genug auf der Welt!«, sagt Petra, die Thorben gern so schnell wie möglich wieder loswürde.

Die Kinder sehen das natürlich anders, allen voran die Jungs. Sie lieben Thorben. Er ist ihr Gott! Er ist der durchgeknallte große Bruder, den sie sich alle immer erträumt haben. Ein kindlicher Anarcho im Körper eines Erwachsenen.

»Ole will Thorben zu seinem Kindergeburtstag einladen«, erzählt mir Bio-Bärbel verzweifelt, und ich muss grinsen bei der Vorstellung, wie Thorben bei der Gelegenheit eine Grünkernbratlingschlacht anzetteln würde.

Noch hat unser Praktikant das Wohlwollen eines Großteils der Wilde-Schlümpfe-Elternschaft auf seiner Seite. »Ist doch schön, dass der Junge so ungezwungen ist«, sagt Sheila-Mama. »Der hat ganz viel kreatives Potential, ich seh das. Thorben ist ein Rohdiamant, der nur noch geschliffen werden muss.«

»Harkan mag ihn, und mehr interessiert mich nicht«, sagt Harkan-Mama.

Und iDad sagt: »Ich war früher auch so drauf, und aus mir ist ja auch was geworden. Die Erzieherinnen sollen sich locker machen, der tut doch keinem was.«

Ich werfe ein, dass Thorben nur ungefähr vier Jahre jünger ist als iDad und damit eigentlich zu alt, um sich wie ein Teenager auf Klassenfahrt zu benehmen. Und dass mir die Vorstellung, Ben würde mit vierunddreißig noch so planlos durchs Leben taumeln und sich wie ein Vollidiot aufführen, Albträume beschert. Schließlich ist es Krümel-Mama, die Bewegung in die Sache bringt.

»Ich will ja wirklich niemandem was unterstellen, aber … was *wissen* wir eigentlich über Thorben?«, druckst sie beim Nachmittagsplausch auf dem Spielplatz herum. »Ich meine, haben wir mal ein polizeiliches Führungszeugnis gesehen? Er spielt ja schon immer sehr … na ja … körperlich, gerade mit den Jungs.«

»Krümel-Mama hat recht, die Art und Weise, wie er sich mit den Kindern identifiziert, das hat ja schon beinahe was Michael-Jackson-haftes«, sagt Emma-Mama.

»Er bringt den Jungs bei, was ›geile Titten‹ sind und glotzt Annabelle den ganzen Tag auf den Hintern. Spricht nicht gerade dafür, dass er sich an kleinen Kindern vergreift«, sagt Luzi-Papa.

»Ja, aber was, wenn das alles nur eine Masche ist? Sein Weg, die Freundschaft der Kinder zu erschleichen und uns auf eine falsche Fährte zu locken?«, barmt Bio-Bärbel mit schreckgeweitetem Blick. »Mit Kissenschlachten und Kitzelattacken fängt es an, und als Nächstes kommen die Doktorspiele!«

»Also, ich wollte jetzt natürlich nicht unterstellen, dass Thorben ein Kinderschänder ist oder so …«, sagt Krümel-Mama.

Nein, natürlich nicht, beeilen sich alle zu betonen. Aber die Möglichkeit in Betracht ziehen, das wollen sie schon. Und vor allem wollen sie jetzt doch, dass Thorben möglichst schnell wieder geht.

Für den nächsten Nachmittag verabreden sich alle Eltern zu einer kurzfristigen Krisensitzung am Rande des Sandkastens. Thema: Was tun mit Thorben? Krümel-Mama ist etwas erschrocken darüber, Auslöserin dieser Debatte zu sein, deshalb sitzt sie nun verdruckst und mit hochgezogenen Schultern am Rand, Kinn und Nase hinter einem großen Seidentuch versteckt.

Bio-Bärbel trägt wortreich die neu aufgekommenen Bedenken gegen Thorben vor: die unangemessene Körperlichkeit, die Verbrüderung eines Vierunddreißigjährigen mit Vorschulkindern, die durchaus vorhandene Möglichkeit, dass wir bei den Wilden Schlümpfen einem potentiellen Kinderschänder Tür und Tor öffnen, der es nur darauf anlegt, uns alle zu täuschen. Und dass das Wohl unserer Kinder schwerer wiegen sollte als die Angst vor Falschbeschuldigungen.

»Ihr tickt doch nicht ganz sauber!«, ruft iDad aufgebracht, als Bio-Bärbel endlich fertig ist mit ihrem Vortrag. »Eben noch waren alle ganz begeistert, dass da ein Mann kommt, der nicht so zimperlich ist und mit den Kindern mal richtig tobt und rauft. Und plötzlich ist das für euch ein Indiz dafür, dass Thorben Sex mit ihnen haben will. Wisst ihr eigentlich, was ihr da unterstellt?«

»Von Sex habe ich nie gesprochen«, greint Krümel-

Mama mit tränennassen Augen. Offenbar wünscht sie nun, das Thema nie aufgebracht zu haben.

»Wir zerstören die Zukunft dieses jungen Mannes, wenn wir ihn mit so einer Begründung hier rausschmeißen«, sagt Sheila-Mama. »Das Amt kürzt ihm die Bezüge, der findet nie wieder irgendwo einen Job. Dabei hat er doch Talent, die Kinder lieben ihn.«

Alle Köpfe drehen sich in Richtung Thorben, der in der anderen Ecke des Spielplatzes mit einer Gruppe Jungs Matschkugeln aus nasser Erde und Blättern formt, offenbar in der Absicht, die friedlich spielenden Mädchen ein bisschen aufzumischen.

»Gut, wenn dir Thorbens Wohl mehr am Herzen liegt als das Wohl deiner Tochter, dann engagier ihn doch als Babysitter«, sagt Emma-Mama. Woraufhin sich Sheila-Mamas Augen zu Wutschlitzen verformen, vermutlich streicht sie Emma gerade von Sheilas Kindergeburtstagseinladungsliste.

»Vielleicht sollten wir das Ganze von einer anderen Seite betrachten«, werfe ich ein. »Thorben ist keinerlei Entlastung für unsere Erzieherinnen. Im Gegenteil, er ist eher wie ein zusätzliches Kind, das wir hier kostenlos mitbetreuen. Ein schwererziehbares noch dazu. Ich glaube nicht, dass unsere Kinder Schaden nehmen, wenn Thorben noch länger bleibt. Aber Petra wird Amok laufen, wenn das noch zwei Monate so weitergeht. Sogar Annabelle verliert langsam die Geduld.«

»Benni-Mama hat recht«, sagt Luzi-Papa. Und schlägt vor, dass man mit Thorben mal ein problemorientiertes Gespräch führen sollte, um ihm die Möglichkeit zu geben, sein Verhalten zu hinterfragen und zu verbessern. Das sollte natürlich der Kita-Vorstand tun, Kraft seiner Autorität. Jetzt schauen alle Theresa-Mama an, die bislang auffallend still war.

»Toll, ich soll jetzt also mit Thorben sprechen und ihm sagen, dass einige von uns ihn für einen Kinderschänder halten und er nicht mehr mit den Kindern toben soll, oder was?«

In dem Moment kommt Thorben, dreckverschmiert und noch mit einer Matschkugel in der Hand bewaffnet auf uns zu.

»Er wird doch nicht …«, sagt Bio-Bärbel und geht schon mal hinter Luzi-Papa in Deckung.

Aber nein, Thorben plant keinen Übergriff. Er hat uns nur alle hier stehen sehen, und da wollte er uns darüber informieren, dass er sein Praktikum leider vorzeitig beenden werde. Nämlich morgen. Ein Kumpel von ihm habe eine Band in Berlin, und da sei der Drummer ausgefallen, und deshalb würde er jetzt nach Berlin gehen und da als Musiker noch mal voll durchstarten. »Ist ja echt nett hier mit euren Kids, aber ich glaube, das füllt mich auf Dauer nicht aus!«

Sagt's, holt aus, wirft und lässt seine Matschkugel nur haarscharf neben Erzieherin Petra niedergehen. Hätte er getroffen, er hätte seine Musiker-Karriere wohl an den Nagel hängen können. Mit gebrochenen Knochen kommt man nicht mal in Berlin als Schlagzeuger über die Runden!

Benni-Mama im Pädagogik-TÜV

Erzieherinnen haben Gefühle.
Mütter auch. Nur eben andere

Seit Praktikant Thorben weg ist, geht es bei den Wilden Schlümpfen wieder etwas ruhiger zu. Sogar das Rülpsen hat aufgehört. Und Petra hat wieder normalen Blutdruck. Wer weiß, vielleicht hat Thorbens spontaner Abgang ein Blutbad verhindert. Da hätte der Putzdienst aber einiges zu tun gehabt. Und wo so schnell Ersatz finden, wenn Petra als Kettensägenmörderin in den Knast muss?

Trotzdem hat die Episode mit Thorben Spuren bei unseren Erzieherinnen hinterlassen. Der Enthusiasmus, mit der die Elternschaft die Beschäftigung eines verpeilten Spätpubertisten gefeiert hat, hat unsere Fachkräfte tief gekränkt.

»Nur, weil er ein Mann ist ...«, seufzt sogar die sonst so duldsame Annabelle, als eine der Mütter aus der Pro-Thorben-Fraktion ihren Kummer über dessen Ausscheiden bekundet. Wo der doch so toll getobt hat mit den Kindern. So viel frischen Wind reingebracht hat. Und so herrlich unkonventionell war.

Erzieherinnen fühlen sich generell wenig wertgeschätzt – und das kann man verstehen. Sie werden unverschämt schlecht bezahlt. Sie ruinieren sich Rücken, Gehör und Nerven, während die meisten Eltern glauben, sie säßen doch den ganzen Tag nur rum und schauten den

Kindern beim Spielen zu. Unsere beiden, Petra und Anna-belle, sehen das natürlich anders. Sie verstehen sich als Vollblut-Pädagogen, die die wichtigste Entwicklungs-phase im Leben kleiner Kinder maßgeblich mitgestalten. Als Erziehungsprofis, bestens gerüstet mit Methoden und Konzepten, um noch aus jedem missratenen kleinen Hosenscheißer einen tatkräftigen jungen Menschen zu machen, der die Welt in einen besseren Ort verwandeln kann. Und die Welt wäre längst ein besserer Ort, kämen unseren Erzieherinnen nicht ständig all die hysterischen, überforderten Mütter (und manchmal auch Väter) in die Quere.

Doch nicht nur Erzieherinnen, auch Mütter sind emp-findsam. Unbedingt überzeugt von der eigenen Bedeu-tung im Leben ihrer Kinder und gleichzeitig schnell aus der Fassung zu bringen, sollte jemand ihre erzieherische Kompetenz bezweifeln. Sicher, es gibt Unterschiede. Einige von uns sind da unempfindlicher. Theo-Mama, un-sere schwer beschäftigte Business-Mutter zum Beispiel, zuckt nur mit den Schultern, als Erzieherin Annabelle ihr mitteilt, sie habe das Gefühl, Theo bekäme zu Hause zu wenig körperliche Zuwendung. Ich hätte mich nach so einer Aussage sofort in ein Schwert gestürzt oder an einem alten Still-BH aufgehängt. Denn dass Ben sich neu-erdings jeden Morgen juchzend in Annabelles Arme wirft, anstatt sich heulend an meinem Bein festzuklam-mern, das macht mich nicht etwa froh. Das macht mich unglaublich eifersüchtig!

»Ben hat eine andere«, sage ich triefend vor Selbstmit-leid nachts zu Benni-Papa, als mein schlechtes Mutterge-wissen mich nicht schlafen lässt.

»Hä? Was? Wovon redest du?«

»Ben betrügt mich. Mit Annabelle. Er liebt sie, ich sehe das an seinen Blicken. Er verbringt mit ihr fast so viel Zeit wie mit mir. Und ich wette, sie schreit ihn nie an, ist nie genervt von ihm, ist immer geduldig und hat immer eine tolle Idee. Sie wäre die viel bessere Mutter. Ist doch klar, dass Ben Annabelle lieber hat als mich.«

»Du spinnst!«, stöhnt mein Mann, dreht sich um und schläft weiter.

Warum hat er nie ein schlechtes Gewissen? Wie kann er so ruhig schlafen und jeden zweiten Tag Überstunden machen, ohne sich auch nur ein einziges Mal zu fragen, ob er deshalb ein schlechter Vater ist? Ich liege wach und denke beschämt daran, wie ich am Nachmittag eine halbe Stunde später als sonst völlig abgehetzt in der Kita aufgeschlagen bin und mir Annabelle Ben mit den Worten »Er ist auch ziemlich müde!« in die Arme gedrückt hat. Seitdem habe ich dieses Rabenmutter-Magengrimmen, das mich jetzt vom Schlafen abhält.

Mein armes Kind! Wieder einmal musste es leiden unter meinem Wunsch, mich in meinem albernen Beruf zu verwirklichen. Vielleicht hat meine Mutter doch recht, wenn sie sagt, dass sie nicht versteht, warum ich mir ein Kind anschaffe, wenn ich es doch bloß von fremden Leuten großziehen lasse.

Ach, Mutter, denke ich, wenn du wüsstest. Von »fremden Leuten« kann gar keine Rede sein, Ben wird von einem Engel großgezogen, gegen den ich wie Mama Frankenstein wirke. Denn Erzieherin Annabelle hat zwar selbst keine Kinder, brennt jedoch durch und durch für ihren Beruf. Sie ist jung und voller Enthusiasmus, kennt sich von Montessori über Pickler mit sämtlichen pädagogischen Konzepten aus und sieht in allem, was Kinder tun, etwas Genialisches, den Funken einer höheren Macht.

»Das ist kein Gematsche, das ist ein Kunstwerk. Und dazu noch ein wissenschaftliches Experiment, eine ganz wichtige sensorische und kognitive Erfahrung für dein Kind«, sagt sie fassungslos, als ich ein Klebe-Sand-Bild von Ben nicht ausreichend würdige.

Sollte ich Bens frühkindliche Schmodderkunst nicht mindestens so bedeutsam finden wie seine Erzieherin? Bin ich eine schlechte Mutter, weil ich seine Nöl-Attacken als Belästigung empfinde und nicht als Ausdruck seiner ganz besonderen Persönlichkeit? Weil ich mich schwertue, in einem Teller ausgeschütteter Kartoffelsuppe ein wissenschaftliches Experiment zum Thema Flüssigkeiten und Schwerkraft zu sehen? Sollte ich nicht mit viel mehr Enthusiasmus Fingerspiele und Kinderabzählreime auswendig lernen und mit meinem Sohn Legotürme bauen?

Ich stelle mir vor, wie sich Erzieherin Annabelle nach Dienstschluss zu Hause an ihren Küchentisch setzt, ein großes goldenes Buch aufschlägt und dort meine Sünden notiert: *Ben: Zwei Jahre alt, emotional vernachlässigt. Mutter: gestresst und ungeduldig. Unfähig, Potentiale ihres Sohnes zu erkennen und adäquat zu fördern. Kann Bedürfnisse des Kindes wegen beruflicher Ambitionen nur eingeschränkt wahrnehmen. Wertschätzung für kindliche Kreativerzeugnisse fehlt. Einbezug des Jugendamtes und eventueller Entzug des Sorgerechts dringend angebracht.*

»Sei doch froh, dass Ben Annabelle so liebt und gern in den Kindergarten geht«, sagt Benni-Papa am nächsten Morgen.

»Du verstehst das nicht«, gebe ich kraftlos zurück. »Diese Frau ist mein fleischgewordenes schlechtes Gewissen. Überall da, wo ich als Mutter versage, ist sie top! Und sie zeigt es mir auf eine sehr subtile Art. Sie quält mich absichtlich mit ihrem flauschigen, warmen Superpädagogentum!«

»Dich absichtlich quälen? Annabelle? Du spinnst echt!«, sagt Benni-Papa. »Dass du dich vor Petra fürchtest, kann ich ja noch verstehen. Aber Annabelle?«

Petra quält mich auch, allerdings nicht durch Engelhaftigkeit. Eher durch verbale Ohrfeigen, die keinen Zweifel daran lassen, dass sie mir auch nonverbal gern ein paar hinter die Löffel geben würde, wenn sie könnte. Erzieherin Petra ist aus sehr viel härterem Holz geschnitzt als ihre junge Kollegin. Sie hat zwei erwachsene Söhne und betont gern, dass sie nicht nur ihre eigenen, sondern noch mindestens fünfhundert weitere Kinder in ihrem Leben zu anständigen Menschen erzogen hat. Ihr pädagogischer Werkzeugkasten ist eine Mischung aus »Hat mir früher auch nicht geschadet«, einem grundsätzlichen Wohlwollen Kindern und einer großen Skepsis Müttern gegenüber.

Petra ist nicht unbedingt ein Mensch für Zwischentöne, eher eine Meisterin des direkten Anschisses, sie ist knurrig, trocken und pragmatisch, ein Fels gesunden Menschenverstandes in einem Meer hormonvernebelter Mütterhysterie. Ihre jahrelange Erfahrung hat sie gelehrt, dass Kinder dann am besten gedeihen, wenn man sie einfach in Ruhe lässt. Und deshalb lässt sie elterliches Überengagement mit großer Leidenschaft ins Leere laufen.

So richtig herzhaft lachen gesehen habe ich Petra erst ein einziges Mal: Das war, als Emma-Mama die Vermutung in den Raum stellte, ihre Tochter könne hochbegabt sein, weil sie schon mit vier Jahren eine Tonleiter auf der Blockflöte spielen kann.

Auch ich bekomme hin und wieder eine Petra-Lektion. Neulich klagte ich ihr mein Leid zum Thema Schnuller-Entwöhnung. Ben klammert sich nämlich wie ein Junkie an seinen Nuckel, nimmt ihn ausschließlich zur Nahrungsaufnahme aus dem Mund und schreit hysterisch, wenn man versucht, Kind und Schnuller gewaltsam zu trennen. So langsam sollte aber doch mal Schluss sein mit der Nuckelei. Ich sage nur: Zahnfehlstellung! Wenn Ben jetzt nicht langsam von seinem Laster lässt, werden uns in einigen Jahren horrende Kieferorthopädie-Rechnungen ruinieren.

»Bring mir mal alle Schnuller mit, die du noch zu Hause hast, ich zeig dir einen Trick!«, sagt Erzieherin Petra eines Nachmittags. Am nächsten Morgen nehme ich brav Bens Kollektion mit in die Kita. »Ben, gibst du mir bitte deinen Schnuller?«, sagt Petra zu Ben, und der spuckt, ohne mit der Wimper zu zucken, seinen Liebling in Petras Hand. (Wieso tut er das nie bei mir?) »Und jetzt gib mir die anderen Schnuller!«, sagt Petra zu mir. Ich händige sie ihr aus, und Petra wirft sie mit triumphierendem Grinsen alle zusammen in den Windelmülleimer. »Das war die Schnuller-Entwöhnung!«, sagt sie.

Mir steht der Mund offen, so perplex bin ich. Und Ben, der doch nun eigentlich einen Tobsuchtsanfall erster

Güte bekommen müsste, trollt sich in Richtung Lego-Ecke.

Petra legt mir ihre Hand auf die Schulter und sieht mich eindringlich an: »Dein Sohn ist zwei, glaubst du wirklich, der ist vernünftig genug, um sich freiwillig von seinem Nuckel zu trennen? Wenn du willst, dass er damit aufhört, nimm ihm alle weg und halte zwei Tage lang sein Gejammer aus. Dann ist das Thema durch. So einfach ist das. Hier in der Kita hat Ben schon seit Monaten keinen Schnuller mehr im Mund. Sobald du aus der Tür bist, gibt er ihn freiwillig ab. DU bist das Problem, nicht Ben!«

Natürlich.

Ich bin das Problem.

»Weißt du, ICH bin das Problem«, sage ich abends zu Benni-Papa. »Ich mache es in jedem Fall falsch. Bin ich nicht liebevoll und fürsorglich genug, schaut Annabelle mich mit diesem weidwunden Blick an. Und bin ich nicht konsequent genug, bekomme ich von Petra eins über.«

»Warum beziehst du immer alles auf dich?«, fragt Benni-Papa. »Annabelle und Petra sind so, weil das ihr Job ist. Die beiden bekommen Geld dafür, unser Kind zu erziehen, nett und geduldig und konsequent mit ihm zu sein. Das hat doch alles nichts mit dir zu tun. Warum habt ihr Frauen immer dieses Konkurrenzding laufen?«

Er hat ja recht. Weder Petra noch Annabelle haben Ben nächtelang mit Zahnungsschmerzen durch die Wohnung getragen. Und sie werden ihn auch nicht trösten, wenn er den ersten Liebeskummer hat. Ich werde noch eine ganze Weile lang die schönste und tollste Frau in seinem Leben sein. Und vielleicht sollte ich etwas großherziger an die ganze Sache herangehen: Wenn unsere Erzieherinnen schon so mies bezahlt werden und mit ihrem Können kaum die gesellschaftliche Anerkennung finden, die ihnen gebührt – vielleicht sollten wir Mütter ihnen wenigstens ab und an einen kleinen Triumph gönnen? Sie haben ja sonst nicht viel zu lachen.

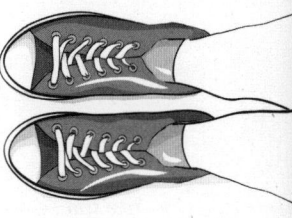

Equal goes it loose!

Wie die Wilden Schlümpfe beinah Englisch gelernt hätten

Neulich morgens in der Kita-Garderobe. Ich helfe Ben gerade aus seiner Jacke, als Theo und Theo-Mama zur Tür hereinrauschen.

»Sssiodor!«, ruft Theo-Mama. »Please take off your coat and put on your ... äh ... Hausschuhe.«

Theo starrt seine Mutter mit leerem Blick an. Sie wiederholt den Satz sehr langsam und macht dazu pantomimische Bewegungen. Jetzt versteht Theo.

»Well done, Darling!«, sagt Theo-Mama, als Theo endlich seine Hausschuhe angezogen und seinen kleinen Dufflecoat an den Haken gehängt hat.

»Wieso redest du Englisch mit Theo?«, frage ich Theo-Mama ganz naiv. »Ist das ein Spiel zwischen euch?«

»Spiel? Meine Liebe, ich versuche nur auszugleichen, was dieser Kindergarten hier vollkommen versäumt. Nämlich unsere Kinder fit zu machen für eine globalisierte Welt. Ohne Englisch läuft doch heute gar nichts mehr. Ich will Theo die Chance geben, zweisprachig aufzuwachsen. Damit hat er immer einen Wettbewerbsvorteil!«

Wettbewerbsvorteil? Ein Fünfjähriger?

»Aber du bist doch keine Muttersprachlerin, oder? Hast du nicht Angst, dass du Theo ein falsches Englisch beibringst?«, frage ich vorsichtig.

»FALSCHES ENGLISCH?« Theo-Mama ist empört. Denn wie ich dann erfahre, war sie mal als Au-pair-Mädchen in Sussex, hat später in Cambridge studiert, verbringt ihre Familienurlaube mit Theo immer in Florida und hat ja auch beruflich täglich mit Engländern und Amerikanern zu tun. Von falschem Englisch könne also schon mal gar keine Rede sein.

»Aber kommt es dir nicht irgendwie ... na ja ... unnatürlich vor? Wie findet Theo es denn, dass du so mit ihm sprichst?«

»Theo wird mir eines Tages dankbar dafür sein!«, sagt sie nur. Was meine Frage nicht beantwortet. Aber egal. Vielleicht sehe ich das zu kritisch? Immerhin versucht sie nicht, ihm Wirtschaftschinesisch beizubringen.

»Stell dir vor, Theo-Mama redet jetzt nur noch Englisch mit ihrem Kind. Ist doch bescheuert, oder?«, kumpel ich Emma-Mama nachmittags im Kindergartenflur an. Ich suche Verbündete für meine Theorie, dass Theo auf dem besten Weg ist, ein Psychopath zu werden, sollte seine Mutter ihren Plan durchziehen. Vielleicht war Emma-Mama da aber die falsche Adresse, denn sie bekommt sofort leuchtende Augen.

»Echt? Das ist doch toll! Gut für Theo, da hat er später doch auf jeden Fall einen Wettbewerbsvorteil!«

Bei Wettbewerbsvorteil wollen mir immer nur die Bundesjugendspiele einfallen. Von welchem Wettbewerb reden diese Frauen bloß? Steh ich auf dem Schlauch? Offenbar, denn Theo-Mama und Emma-Mama verbünden sich sofort, finden noch einige Mitstreiterinnen und gründen die AG »First-Steps: Englisch bei den Wilden Schlümpfen«. Erzieherin Annabelle, immer offen für Neues, macht auch mit. Ziel der AG ist es, auszuloten, wo im Kindergartenalltag spielerisch erste Erfahrungen mit Englisch gesammelt werden können. Kinderlieder bieten sich da natürlich an. Oder Abzählreime. Man könnte auch ein paar spezielle Bilderbücher anschaffen und den Kleinen zeigen, dass Englisch eigentlich ganz leicht ist. »Cow« und »Kuh« sind schließlich ganz ähnlich. Oder »Cat« und »Katze«.

»Ihr werdet sehen, die Kinder sind in einem Alter, wo das Fenster für Fremdsprachen ganz weit offen steht. Jetzt fällt es ihnen leicht, Englisch zu lernen. Aber wenn das Fenster erst mal geschlossen ist, in ein paar Jahren, dann wird es schwer, echte Zweisprachigkeit zu erlangen«, doziert Theo-Mama. Ihr Theo mache große Fortschritte, sage jetzt auch ganz brav immer »good morning« und »good night« und »please« und »thank you«. Er sei zwar insgesamt etwas stiller geworden, aber das sei sicher die Umstellung.

Annabelle will nun also versuchen, mit den Kindern englische Lieder zu singen. Bis zum Sommerfest plant sie, die Kinder gemeinsam »Head and shoulders, knees and toes« vorführen zu lassen.

»Toll«, sage ich. »Da werden die Kinder einen richtigen Wettbewerbsvorteil haben, wenn sie wissen, wie ihre Körperteile heißen. Zum Beispiel, wenn sie im australischen Outback einen Notruf absetzen wollen, weil ihnen ein Dingo gerade Ohren und Zehen abknabbert. Oder wenn ein gestresster texanischer Chirurg im Begriff ist, ihnen das falsche Körperteil zu amputieren. Oder wenn sie eine schottische Schönheit nach ihren erogenen Zonen befragen wollen. Oder …«

»Jetzt hör auf mit deinem Zynismus und denk einfach mal an Ben!«, rügt mich Bio-Bärbel. Und da gebe ich Ruhe. Wird ihm schon nicht schaden.

In den kommenden Tagen treffe ich immer wieder Theo und Theo-Mama in der Kita. »Say good morning, Theo! Now take off your shoes. Bye-bye, darling, I see you in the afternoon«, flötet Theo-Mama. Und Theo, den ich schon lange nicht mehr sprechen gehört habe, schaut seiner Mutter gequält hinterher, so als wäre sie von einer schlimmen Krankheit befallen worden und er hoffe, sie möge bald davon genesen.

Erzieherin Petra hat beschlossen, den Dingen ihren Lauf zu lassen, und vertraut offenbar darauf, dass sich die Sache mit dem Englisch von allein wieder gibt. Sie werde bei dem Quatsch jedenfalls nicht mitmachen, hat sie verkündet. Aber wenn Annabelle Lust darauf habe, werde sie sich auch nicht gegen ein paar englische Kinderlieder sperren. Beim Kochdienst höre ich Petra immer mal wieder »Let it be« und »Give peace a chance« pfeifen, offenbar eine Art Selbstbeschwörung. Das gefällt mir. Ich hatte ohnehin vor, Ben möglichst früh mit den Beatles vertraut zu machen, und bin mir sicher, dass er mit John, Ringo, George und Paul besser Englisch lernt als mit Annabelle und Theo-Mama.

Zumal sich die Sache mit den englischen Kinderliedern als schwierig erweist. »Hät än schuulders, nies än toos, nies än toos«, singt Annabelle mit den Kindern. Ich halte beim Kartoffelnschälen inne und höre zu. Und frage mich, ob man Annabelle jetzt sagen müsste, dass das englische Wort für Schultern eher »schoolders« als »schuulders« ausgesprochen wird. Aber ich will sie auch nicht in Verlegenheit bringen. Andererseits verpufft der Wettbewerbsvorteil natürlich, wenn die Kinder ihre Vokabeln falsch aussprechen. So beeindruckt man keinen CEO oder Headhunter oder Human-Ressources-Manager. So kann das nichts werden mit dem Aufsichtsratsposten für unsere kleinen Racker!

Natürlich bleiben Annabelles phonetische Defizite auch von den anderen Müttern nicht lange unentdeckt. Theo-Mama ist in großer Sorge, dass Theos makelloses Oxford-Englisch (das sie ihm beizubringen glaubt) durch Annabelles schlechtes Schulenglisch nachhaltig versaut werden könnte. »Es gibt Fehler, gerade in der Aussprache, die bekommst du NIE mehr raus, wenn sie einmal fest im Gehirn verankert sind«, doziert sie. Und schnell sind sich die Aktivistinnen der AG »First Steps: Englisch bei den Wilden Schlümpfen« darin einig, Annabelle die pädagogische Hoheit über den Frühenglischkurs wieder zu entziehen.

Annabelle, die so engagiert an die Sache herangegangen war, ist glücklicherweise nur ein kleines bisschen verschnupft, als man ihr eröffnet, sich nun doch um eine muttersprachliche Fachkraft zu bemühen, die den Kindern spielerisch die zweite Sprache nahebringt. iDad ist so nett und googelt mal ein bisschen, was der Frühförderungsmarkt so an Möglichkeiten bietet, und siehe da: Es gibt jede Menge pädagogisch geschulte Muttersprachlerinnen und Muttersprachler, die ihre Dienste ganz speziell für Kitas anbieten. Mit englischen Sing-und-Tanz-Kreisen (»Yes Sir, we can boogie«), englischen Theaterprojekten (»Shakespeare for kids«), englischen

Kinderkochkursen nach Jamie Oliver und sogar Kinder-Knigge-Schulungen auf Englisch, die den Kindern wohl vermitteln sollen, wie man sich benimmt, falls sie von der Queen mal zum Tee eingeladen werden.

Nach Sichtung der verschiedenen Angebote schreibt Theo-Mama eine E-Mail an alle Wilde-Schlümpfe-Eltern:

Betreff: Yes, we can!
Liebe Eltern,
wie Ihr sicher mitbekommen habt, kümmere ich mich gemeinsam mit meinen Kolleginnen von der AG »First Steps: Englisch bei den Wilden Schlümpfen« um die Förderung unserer Kinder im fremdsprachlichen Bereich. Es ist hinlänglich bekannt, dass ohne eine sichere Beherrschung des Englischen internationale Karrieren heutzutage nicht mehr möglich sind. Mir ist sehr daran gelegen, unseren Kindern einen Wettbewerbsvorteil zu verschaffen und die frühkindliche Begeisterung für fremde Sprachen zu nutzen. Zu diesem Zweck wollen wir gern Mrs Angelika Smith-Ecclestone bei den Wilden Schlümpfen engagieren. Sie ist Engländerin, aufgewachsen in Yorkshire und seit fünf Jahren in Deutschland. Sie ist studierte Kinderpsychologin und Fremdsprachendozentin und würde einmal in der Woche zu uns in die Kita kommen und mit den Kindern auf Englisch singen, musizieren und konversieren. Das würde pro Kind einen Unkostenbeitrag von monatlich 40 Euro nach sich ziehen. Ich bin mir sicher, dass Mrs Smith-Ecclestone jeden Cent davon wert ist, ihre Referenzen sind sehr gut, ihr didaktisches Können über jeden Zweifel erhaben. Und für die

Zukunft unserer Kinder sollte uns nichts zu teuer sein.
Sollte es dennoch Einwände geben, meldet Euch
bitte schnell.

Es gibt Einwände. Viele sogar! Offensichtlich bin ich doch nicht so allein mit meiner Abneigung gegen früh-kindlichen Förderungsfuror.

»40 Euro im Monat? Pro Kind? Für das Geld könnten wir uns endlich mal eine Putzfrau leisten, damit uns Eltern die elenden Putzdienste erspart bleiben!«, sagt Luzi-Papa am nächsten Morgen bei einer spontan einberaumten Krisensitzung in der Kita-Garderobe. Und Bio-Bärbel meckert, dass sie seit Jahren vergeblich versucht, ein paar Elternspenden zu sammeln, um endlich einen Schnell-kochtopf anzuschaffen, damit wir nicht immer all die gu-ten Vitamine verkochen.

»Lasst eure Kinder doch einfach in Ruhe spielen, die lernen noch früh genug Englisch«, sagt Erzieherin Petra. Aber so schnell will sich die AG »First Steps: Englisch bei den Wilden Schlümpfen« nicht geschlagen geben.

»Ich kann gern mal Taneesha fragen, unser nigeriani-sches Au-pair-Mädchen«, schlägt Finn-Mama vor. »Die ist ganz lieb und macht das sicher gern auch umsonst.«

Die Idee finden alle erst mal gut, nur Theo-Mama bleibt skeptisch. Sie wolle ja nun nicht wie eine Rassistin rüber-kommen, aber diese Taneesha sei doch sicher, na ja, wie soll sie es ausdrücken … *schwarz!* Und obwohl sie nun wirklich nichts gegen Schwarze habe, frage sie sich, ob es sinnvoll sei, wenn unsere Sprösslinge später beim Eng-lischreden so klängen, als wären sie in der Bronx groß ge-worden. Oder in Addis Abeba.

»Das ist aber Äthiopien, nicht Nigeria«, klugscheißt iDad.

Und Harkan-Mama fragt, was genau an dieser Aussage denn nun bitte *nicht* rassistisch sei und ob Theo-Mama nicht ohnehin plane, ihren Sohn möglichst schnell in ein englisches Internat abzuschieben und bis dahin nicht wenigstens unsere Kinder in Ruhe lassen könne.

»Ich komme übrigens gern einmal die Woche vorbei und singe mit den Kindern türkische Kinderlieder!«, schlägt Harkan-Mama vor. »Englisch können doch heute alle. Aber ein paar Brocken Türkisch könnten sich später als viel größerer Wettbewerbsvorteil herausstellen.«

»Ja klar, wenn du und deine Leute hier ihr Kalifat errichtet haben!«, schnaubt Theo-Mama.

»Aber das ist doch ein ganz tolles Projekt!«, ruft Sheila-Mama begeistert und klatscht in die Hände. »Lasst uns Taneesha doch bitten, mit den Kindern ein paar afrikanische Kinderlieder zu singen. Harkan-Mama kommt mit türkischem Liedgut. Meine Schwester ist mit einem Italiener verheiratet, der könnte auch mal kommen. Und eine Freundin von mir hat eine chinesische Babysitterin, die könnten wir auch fragen. Vielleicht könnten wir mit den Kindern später eine CD aufnehmen mit Kinderliedern aus aller Welt!«

»Wie ihr meint«, sagt Theo-Mama spitz. »Ich habe auch so weiß Gott genug zu tun. Come on, Theo. Now go and play with your little friends!«

»Du nervst, Mama!«, sagt Theo und trollt sich in Richtung Toberaum.

Nieder mit dem Spielzeug!

Konsumverzicht für Anfänger – und warum wir Eltern eben doch nicht ohne Spielzeug leben können

Erzieherin Annabelle war auf Fortbildung. Das ist für uns Eltern immer mit Stress verbunden, denn erstens müssen wir in den drei Tagen, an denen sie nicht da ist, abwechselnd in der Kita aushelfen und uns von Erzieherin Petra herumkommandieren lassen. Und zweitens kommt sie immer mit tollen neuen Ideen zurück, die sie dann voller Elan in die Tat umsetzen will. Dabei sind wir doch alle froh, wenn die Kinder gerade mal gesund sind und alles einigermaßen rund läuft, ohne größere Probleme und ohne viel Gedöns. Zugeben will das aber keiner so richtig. Schließlich will sich niemand dem Verdacht aussetzen, weniger als das Beste für sein Kind zu wollen. Und was könnte schon besser sein, als die sofortige Umsetzung eines bahnbrechenden pädagogischen Konzepts?

Von ihrer letzten Fortbildung hat Annabelle die Idee der »spielzeugfreien Wochen« mitgebracht. Für einen Zeitraum von acht bis zwölf Wochen wird sämtliches Spielzeug aus der Kita entfernt. Kein Lego mehr, keine Bauklötze, keine Puppen, keine Puzzles, keine Förmchen und Schaufeln. Nur rudimentäre Bastel- und Baumaterialien sind erlaubt, also Decken, Kissen, Kartons. Es gibt Kitas, die das regelmäßig praktizieren und damit tolle Erfahrungen machen.

»Aber werden sich die Kinder nicht furchtbar langweilen?«, fragt Finn-Mama.

»Genau das ist ja der Sinn der Sache«, sagt Erzieherin Annabelle. Langeweile mache kreativ. Unsere konsumverwöhnten Kinder sollen gezwungen werden, ihre Phantasie zu benutzen. Ihr Herz nicht mehr an tote Gegenstände zu heften, sondern aus sich selbst heraus neue Welten zu erschaffen.

»Zuviel Momo gelesen, oder was?«, murmelt iDad.

Und Therese-Mama fragt, warum sie denn eigentlich persönlich und mit viel Liebe all dies wunderbare Spielzeug angeschafft habe, damals bei der Gründung der Wilden Schlümpfe, wenn es plötzlich als Phantasievernichter gebrandmarkt würde.

»Dieses ganze anthroposophische Holzspielzeug, wisst ihr, wie schwer das zu bekommen ist? Und was das gekostet hat?«, fragt sie beleidigt.

Aber das Spielzeug soll ja nur für acht Wochen verschwinden. Es ist ein Experiment, und Annabelle betont, wie wichtig es ist, dass wir Eltern die Idee mittragen:

»Die Kinder lernen, Frustration auszuhalten und sich nicht kurzfristige Befriedigung durch Konsum zu verschaffen. Wenn eure Kinder jetzt auf Spielzeug verzichten können, dann können sie später auch besser auf Drogen verzichten!«

»Das ist doch Schwachsinn«, sagt iDad spöttisch. »Mein Vater ist nach dem Krieg auch ohne Spielzeug groß geworden und hatte jede Menge Möglichkeiten, seiner Phantasie freien Lauf zu lassen. Hat ihn nicht davon abgehalten, sich später jeden Abend volllaufen zu lassen.«

»Ich muss sagen, in mir kommen da auch ganz ungute

Gefühle auf«, sagt Luzi-Papa. Und beichtet uns von seiner schwierigen Kindheit und seinen extrem kapitalismuskritischen Achtundsechziger-Eltern, die ihm aus Prinzip nie ein Spielzeug gekauft hätten. Da kriegen ein paar Mütter gleich wieder richtig feuchte Augen bei der Vorstellung, wie sich Luzi-Papa damals als kleiner Fratz an einem Spielzeugladenschaufenster die Nase platt gedrückt und nach einem kleinen Auto gesehnt hat, nur um dafür von seinem Radikalinski-Vater mit der Mao-Bibel eins hinter die Löffel zu kriegen.

Am Ende setzt sich Erzieherin Annabelle durch, denn die meisten Eltern finden die Idee spannend.

»Ist ja fast wie Heilfasten!«, frohlockt Bio-Bärbel und ordert schon mal ein paar Umzugskartons für die Kita.

Eine Woche später beginnt das Projekt. Die Erzieherinnen erklären den Kindern, dass die Spielsachen nun alle für eine Weile in die Ferien fahren werden. Und unsere Kleinen werfen brav die Legos, Bauklötze, Puppenkleider, Sandspielzeuge und Dinosaurierfiguren, die Memory-Spiele und Holzpuzzles in große Umzugskartons. Emma-Mama, die gleich nebenan wohnt, hat ihren Keller zur Verfügung gestellt, und am Nachmittag wuchten iDad und Luzi-Papa achtzehn Umzugskartons in ihr »Feriendomizil«.

»Das klingt doch sehr vernünftig, die Kinder wachsen heutzutage doch im totalen Überfluss auf. Ich habe immer gesagt, dass ihr Ben viel zu sehr verwöhnt, wenn ihr ihm ständig neue Sachen kauft«, sagt meine Mutter am Telefon.

»Hallo? IHR seid doch diejenigen, die an Weihnachten, am Geburtstag und zu Ostern völlig ausflippen und Ben mit Geschenken überhäufen«, rufe ich in den Hörer.

»Also ich bitte dich, die paar Sachen!«, patzt meine Mutter zurück.

In den ersten Tagen der spielzeugfreien Zeit regnet es in Strömen. Das heißt, die Kinder gehen nicht raus. Und der Mangel an Spielgerät löst zwar die prognostizierte Langeweile, leider aber noch nicht den erwarteten Schub an Kreativität und Teamfähigkeit aus. Im Gegenteil. Wenn vierzehn Kinder ihren natürlichen Bewegungsdrang über Tage nur in geschlossenen Räumen austoben können und dann dort nicht einmal Spielzeug zur Ablenkung zu finden ist, sind Chaos und Zerstörung vorprogrammiert. Hier die Bilanz der ersten Woche:

Tag 1: Theo und Harkan prügeln sich so wild, dass Theos Brille kaputtgeht. Eine Gardinenstange bricht aus der Wand, nachdem Ole versucht hat, mit Hilfe der Gardine Spiderman zu spielen. Vom vielen Herumtoben haben beinahe alle Kinder Schrammen, Kratzer und blaue Flecken.

Tag 2: Java schneidet Emma mit der Bastelschere einen Kurzhaarschnitt. Die Kinder sind zuvor zu Rollenspielen animiert worden, die Mädchen haben sich offenbar für »Friseursalon« entschieden, und Pixie-Cut ist ja ohnehin gerade Trend.
Ein Waschbecken bricht aus der Wand, nachdem Ole und Harkan im Badezimmer Piratenschiff gespielt und das Waschbecken zum Ausguck erkoren hatten.

Tag 3: Ben hat ein kleines Loch im Teppich entdeckt und damit begonnen, immer größere Stücke aus der Auslegeware zu reißen. Bevor Erzieherin Petra eingreifen kann, hat der Teppich, auf dem an dieser Stelle sonst die Puppenküche steht, schon ein etwa einen Quadratmeter großes Loch.

Tag 4: Endlich so etwas wie Teamarbeit! Aus Kartons und Decken bauen die Kinder gemeinsam eine große Räuberhöhle. Alle sind stolz wie Bolle auf ihr Bauwerk. Besonders stolz ist Leon, der für die Deckenkonstruktion verantwortlich war. Um deren Stabilität zu beweisen, klettert er von der obersten Sprosse der Kletterwand aufs Höhlendach und bringt damit das ganze Bauwerk zum Einsturz. Tränen, Geschrei und ein verstauchter Fuß (Leon) sind die Folge.

Tag 5: Verdächtig häufig verschwinden die Kinder in der Kita-Garderobe. Als Erzieherin Annabelle nachsieht, was sie da so treiben, deckt sie einen geheimen Spielzeugschwarzmarkt auf. Einige Kinder haben in ihren Jackentaschen heimlich Spielzeugautos, Plastikritter und Filly-Pferde eingeschmuggelt und leihen diese meistbietend an andere aus. Es gelten die unter Kindern üblichen Tarife: »Dann bist du meine beste Freundin«, »Dann lad ich dich auch zu meinem Geburtstag ein«, »Dann schenk ich dir auch meine doppelten Star-Wars-Karten / meine »Conni beim Zahnarzt«-CD / meine Glitzersticker / mein Spiderman-T-Shirt.«

Am Wochenende ist Ben so friedlich und ausgeglichen wie noch nie. In der letzten Woche habe ich an jedem Nachmittag ein völlig aufgekratztes Kind aus der Kita abgeholt, jetzt scheint er ernsthaften Erholungsbedarf zu haben und sitzt friedlich und zufrieden in seinem Kinderzimmer. Einfach so, ganz allein. Baut mit seinen Legos, schiebt seine Autos über den Teppich und ist ganz versunken.

»Was ist mit unserem Sohn los?«, fragt Benni-Papa, fassungslos, weil er schon seit einer Viertelstunde ohne Unterbrechung Zeitung lesen kann.

»Der bekommt gerade nach einer Woche Entzug wieder eine erste Dosis Stoff. Erinnerst du dich, als du im Krankenhaus gelegen hast und eine Woche lang nicht rauchen durftest? Und wie dich die erste Zigarette danach umgehauen hat? So in etwa fühlt sich Ben gerade«, antworte ich. Und bete innerlich für besseres Wetter in der nächsten Woche, damit die Kinder nicht weiter die Kita demolieren.

Doch auch am Montag regnet es in Strömen, und besseres Wetter ist nicht in Sicht. Beim morgendlichen Kinderabgeben finden in der Kitagarderobe hitzige Diskussionen statt:

iDad findet, dass dieser »spielzeugfreie Schwachsinn« rein gar nichts bewirkt und nur die Kinder durcheinanderbringt.

Bio-Bärbel sorgt sich um den Jo-Jo-Effekt: »Wenn wir das Spielzeug wieder zurückholen, werden die Kleinen doch nur noch abhängiger, nachdem sie so lange darauf verzichten mussten.«

Und Krümel-Mama findet, dass in der letzten Woche

ein erschreckendes Maß an kindlicher Gewalt offenbar geworden ist.

»In Zeiten der Not zeigt sich eben der wahre Charakter, das ist bei Kindern auch nicht anders als bei Erwachsenen«, sagt Theo-Mama mit eisigem Blick auf Harkan-Mama.

»Ach komm, reg dich bitte wieder ab wegen Theos Brille. Unsere Versicherung zahlt das, keine Sorge. Jungs sind halt so. Die prügeln sich eben, das ist doch völlig normal«, sagt Harkan-Mama.

»Manche Jungs prügeln sich, andere lernen, Konflikte verbal zu lösen. Alles eine Frage des sozialen Umfelds«, entgegnet Theo-Mama.

»Vielleicht solltet ihr beide auch mal vor die Tür gehen und euch prügeln«, schlägt iDad vor.

Eine wunderbare Idee! Doch da kommt Erzieherin Annabelle in die Kita-Garderobe und beschwört uns Eltern, die Vorkommnisse der ersten Woche nicht überzubewerten und dem Experiment Zeit zu geben.

»Es ist völlig normal, dass die Kinder eine Weile brauchen, um sich an die neue Situation zu gewöhnen. Ihr werdet sehen, in zwei, drei Wochen herrscht hier eine ganz tolle, friedliche Stimmung.«

»Zwei, drei Wochen soll das hier noch so weitergehen? Krümel hat überall blaue Flecken vom vielen Toben«, wimmert Krümel-Mama.

»Mit Emma hatten wir ein Fotoshooting bei einer Kinder-Casting-Agentur vereinbart für nächste Woche. Das mussten wir jetzt absagen, nach Javas Haarmassaker«, sagt Emma-Mama mit einem tiefen Seufzer.

Annabelle verspricht, in dieser Woche besser darauf zu

achten, den kreativen Drang der Kinder in die richtigen Bahnen zu lenken und weitere Verstümmelungen und Zerstörungen zu vereiteln.

Die zweite spielzeugfreie Woche scheint jedenfalls besser zu laufen. Keine Horrormeldungen über Verletzungen und Zerstörungen, stattdessen scheinen die Kinder tatsächlich sehr phantasiereich miteinander zu spielen. Annabelle schickt jeden Abend eine Rundmail herum, in der wir genau nachlesen können, wer heute ein Prinzessinnenschloss aus bunten Schals gebaut und wer aus alten Milchkartons Vogelhäuschen gebastelt hat. Die Kinder scheinen sich langsam an die spielzeugfreie Zeit zu gewöhnen und das Beste daraus zu machen.

Nur wir Eltern gewöhnen uns nicht. Leon zum Beispiel kann angeblich ohne seine Zugschaffnerkelle das Haus nicht verlassen, und seine Mama hat keine Lust, die dann in ihrer Handtasche mit ins Büro zu schleppen.

»Kommt, habt euch nicht so, Leon kann die Kelle doch einfach hier in der Garderobe lassen, er hat versprochen in der Kita nicht damit zu spielen«, sagt Leon-Mama.

»Aber wir haben spielzeugfreie Wochen, und da ist es wirklich kontraproduktiv, wenn Leon …«, versucht Annabelle zu entgegnen, aber da ist Leon-Mama schon aus der Tür. Ohne Kelle.

Was folgt, ist ein wilder Streit zwischen Leon, Theo und Ole, die plötzlich gar keinen Bock mehr auf ihre wunderbare Pappkartonhöhle und ihre kreativen Bastelarbeiten haben, sondern mit Leons Kelle spielen wollen. Bevor es wieder blaue Flecken gibt, konfisziert Erzieherin Petra schnell das begehrte Stück und schließt es in ihren Spind ein.

Am nächsten Morgen habe ich das zweifelhafte Ver- gnügen, live mitzuerleben, wie Leon-Mama von Erziehe- rin Annabelle empört die Herausgabe der Zugschaffner- kelle fordert. Diese sei Leons Eigentum, und sie sehe nicht ein, warum man einem Vierjährigen ein geliebtes Spiel- zeug wegnehmen müsse, nur um irgendwelchen neumo- dischen Pädagogikkonzepten zu genügen.

»Und überhaupt – eingeschlossen! Seid ihr die Spiel- zeug-Gestapo oder was?«, ruft Leon-Mama wütend und macht noch einmal ihrem Unmut Luft, wie bescheuert sie die ganze Idee von spielzeugfreien Wochen findet.

Auch Bio-Bärbel meldet nun Zweifel an. Missbrauchen wir die Kinder nicht als Versuchskaninchen? Muss das Konzept so radikal durchgezogen werden? Setzen wir die Kinder nicht der Gefahr eines nachhaltigen Konsum- schocks aus, wenn plötzlich das ganze Spielzeug wieder da ist?

»Bitte habt ein bisschen Vertrauen in uns und auch in eure Kinder. Ihr müsst der Sache eine Chance geben, es fängt doch gerade erst an zu funktionieren. Bitte, wir hat- ten uns doch darauf geeinigt …«, sagt Erzieherin Anna- belle mit flehendem Blick.

»Ja, super«, zischt Theo-Mama, »Annabelle zuliebe sol- len wir die Nummer hier durchziehen, nur damit sie nicht als Versagerin dasteht.«

»Aber WIR müssen überhaupt gar nichts durchziehen«, versuche ich, Annabelle zu helfen. »Die Erzieherinnen haben doch den meisten Stress mit der Sache. Wir Eltern haben doch nichts weiter zu tun, als unseren Kindern kein Spielzeug mit in die Kita zu geben. Das müsste doch zu schaffen sein.«

»Ich lass mir aber nicht vorschreiben, wie ich mein Leben zu leben habe«, keift Leon-Mama. »Wirklich, ich empfinde das alles hier als Gängelung. Erst dieser Bio-Fanatismus und jetzt auch noch dieser Spielzeug-Scheiß. Ohne mich, Leute, ich mach da nicht mehr mit.« Demonstrativ drückt sie ihrem Sohn noch einen kleinen Plastik-Dino in die Hand (»Hier Schatz, dein Stegosaurus!«) und rauscht ab.

»Wenn Leon seinen Dino haben darf, dann will ich aber auch meinen Ritter!«, mault Ole.

»Ole, Leon, ihr habt doch gestern so schön Krankenhaus gespielt, wollt ihr da nicht einfach weitermachen?«, fragt Annabelle verzweifelt, jetzt wirklich den Tränen nah.

Da stürmt Emma-Mama zur Tür herein, ihre Tochter unter dem Arm. Rote Stressflecken an Hals und Gesicht. Und Emma hat sogar noch ihren Schlafanzug an. »Wasserrohrbruch!«, keucht sie. »Schnell! Die Kartons! Unser Keller! Alles steht unter Wasser!«

Jetzt fällt auch bei uns der Groschen. Die Kita-Spielsachen, die wir in Emma-Mamas Keller »in die Ferien« geschickt hatten, weichen gerade auf. iDad fängt an zu kichern, Theo-Mama sagt: »Wer will denn schon Urlaub im Keller machen, das war doch von vornherein keine gute Idee!«, und Erzieherin Petra ruft: »So, ihr verabschiedet euch jetzt alle ganz flott von euren Kindern und räumt bei Emma-Mama den Keller aus. Alle Kartons marschmarsch zurück in die Kita!«

»Sorry, ich muss ins Meeting, und in diesen Schuhen kann ich eh nichts tragen«, sagt Theo-Mama und verschwindet schnell.

Ich renne zusammen mit iDad und Emma-Mama in Emma-Mamas Keller, der knöcheltief unter Wasser steht. Vier Kartons sind so aufgeweicht, dass sie sofort auseinanderreißen. iDad fällt das Smartphone ins Wasser, jetzt kann er leider doch nicht beim Aufräumen helfen, weil erst das teure Telefon geföhnt und verarztet werden muss. Also klaubt Emma-Mama, die als einzige Gummistiefel trägt, das schwimmende Spielzeug aus der stinkenden Brühe, während ich mit klitschnassen Füßen die übrigen trocken gebliebenen Kartons die enge Kellertreppe hoch und zurück in die Kita wuchte.

Damit ist das Experiment »spielzeugfreie Wochen« wohl endgültig beendet. Annabelle heult, Petra nimmt es gelassen:

»Wir machen das Beste draus und zeigen den Kindern jetzt mal, wie man ordentlich ausmistet!«

Wir kippen alle Spielsachen im Toberaum auf einen großen Haufen, jedes Kind bekommt eine kleine Mülltüte in die Hand gedrückt, und dann wird aussortiert und weggeschmissen – nämlich alles, was nass geworden oder sonstwie kaputt und unvollständig ist oder womit nun wirklich niemand mehr spielt. Da ich mit meinen durchweichten Schuhen ohnehin nicht arbeiten gehen kann, bleibe ich noch eine Weile und schaue zu. Irre, mit welcher Begeisterung die Kinder ihr Spielzeug entsorgen. Wenn nicht bald jemand »Stopp« sagt, werden wir doch noch eine spielzeugfreie Kita – und zwar für immer.

Jo, wir schaffen das!

Renovierungstag ist Vatertag – in mehr als einer Beziehung

So, liebe Väter, jetzt seid ihr an der Reihe! Der Renovierungstag ist der einzige Tag im Kita-Jahr, an dem die Männer das Geschehen dominieren. Wenn mit großem Werkzeug rumgewerkelt werden darf, fühlen sich die Väter alle berufen, mitzuhelfen. Man fragt sich nur, warum das nicht auch beim Putzdienst klappt? So ein Wischmopp ist schließlich auch ziemlich groß …

Nach den spielzeugfreien Wochen oder, na ja, eher Tagen hat sich auf jeden Fall ein eklatanter Renovierungsbedarf in den Räumen der Wilden Schlümpfe offenbart. Der Flur muss endlich gestrichen werden, zwei Deckenlampen funktionieren nicht mehr richtig, im Bad muss ein neues Waschbecken montiert und in der Puppenecke ein Stück Teppich neu verlegt werden. Und dann hat Bio-Bärbel auf der Suche nach einem Spülschwamm einen Schrank leicht von der Wand gerückt und ist auf … KREISCH … Schimmel gestoßen! Schimmel! Pilzbefall! In unserer Kita!!! Werden wir alle sterben? Werden unsere Kinder mutieren? Die Hausverwaltung empfiehlt, Ruhe zu bewahren, ein handelsübliches Anti-Schimmel-Spray aufzutragen und die Stelle einfach zu überstreichen. Außerdem mahnt sie richtiges Lüften an.

»Sag ich ja immer!«, sagt Bio-Bärbel. »Ihr lüftet falsch!

Fenster gekippt lassen den ganzen Tag ist nicht lüften.«

»Das ist alles ganz schlimm für Krümels Atemwege«, barmt Krümel-Mama. »Schimmelbefall kann tödlich sein, ich sage nur: Fibrose!«

»Fi-was?«, fragt Erzieherin Petra.

»Fibrose, eine Krankheit, die tödlich enden kann, wenn sie die Lunge befällt. Wird auch durch Schimmel ausgelöst, ist alles schon passiert. Und Allergiker wie Krümel sind natürlich besonders gefährdet.«

»Ich habe gelesen, dass Anti-Schimmel-Spray das reine Gift sein soll, wahrscheinlich machen wir das Raumklima hier nur noch schlimmer, wenn wir damit rumsprühen. Gibt es denn nicht irgendein Hausmittel, das hilft? Ganz ohne Chemie?«, fragt Bio-Bärbel.

»Wenn DU keins kennst, dann gibt es auch keins!«, sagt Petra.

Und Leon-Papa, ohnehin kein Freund von halben Sachen, schlägt vor, die Tapete einfach komplett abzureißen, neu zu tapezieren und den schimmelsporenverseuchten Schrank gleich mit zu entsorgen.

»Oh, das kann mein Mann machen«, rufe ich. Benni-Papa wird mir dankbar sein, denn den Schrank zu zerlegen und zur Mülldeponie zu fahren – das schafft man sogar dann, wenn man handwerklich so unbegabt ist wie mein Liebster.

Leon-Papa, unser Alpha-Rüde, hat am Freitagabend vorbereitend schon mal drei Kästen Bier im Kita-Kühlschrank kalt gestellt und bei den Müttern angemahnt, sie mögen doch bitte all die Kuscheltiere, Decken und

Kissen übers Wochenende mit nach Hause nehmen und mal ordentlich waschen. »Waschen ist Frauensache, Löcher bohren ist Männersache!«, proklamiert er siegesgewiss.

Am nächsten Morgen versammeln sich die Väter in der Kita und trinken erst mal ein Bier, bevor es mit der Arbeit losgeht. Nicht, weil sich morgens gleich nach dem Frühstück bereits ein akuter Bierdurst eingestellt hätte, aber offenbar brauchen die Männer das, um sich wie richtige Bauarbeiter zu fühlen. Bio-Bärbel bringt eine große Schüssel Frikadellen vorbei. Sogar aus echtem Fleisch (»Die Jungs müssen doch was Richtiges essen!«). Und Krümel-Mama erinnert noch einmal daran, beim Streichen die Fenster offen zu lassen, wegen der giftigen Dämpfe. Dann überlassen wir Mütter die Väter ihrem Schicksal und sitzen zusammen mit den Kindern draußen auf dem Kita-Spielplatz.

»Komisch, man hört gar nichts«, sagt Emma-Mama nach einer ganzen Weile.

Kein Bohren, kein Hämmern. Emma-Mama und ich gehen mal unauffällig nachsehen, was die Männer so treiben, und ertappen die Herrenrunde beim dritten Bier. Luzi-Papa, der gerade am offenen Fenster eine geraucht hat, schnippt erschrocken seine Selbstgedrehte in den Innenhof, die anderen lassen ihre Bierflaschen sinken.

»Geht gleich los, Ladys, ihr braucht uns nicht zu kontrollieren!«, sagt Leon-Papa. »Wir haben uns halt alle schon lang nicht mehr gesehen.«

»Öfter mal beim Elternabend auftauchen hilft«, sage ich.

»Ja, oder den Putzdienst übernehmen«, sagt Emma-

Mama. »Und jetzt legt mal los, sonst petzen wir bei Bio-Bärbel!«

Das wirkt. Die Jungs fangen an mit der Arbeit. Streichen, bohren, installieren. Nach einer Weile sehe ich vom Spielplatz aus, wie Benni-Papa die Einzelteile des großen Schranks in unser Auto bugsiert. Dabei sieht er ziemlich derangiert aus. Ich würde sogar sagen: Er torkelt.

»Ahls okee, Schatz!«, lallt er mir zu, als er meinen skeptischen Blick bemerkt. Ich lasse Ben bei den anderen Müttern, nehme meinem Mann die Autoschlüssel ab und schaue ihn prüfend an.

»Du fährst nirgendwohin, ich bring das Zeug zur Deponie. Steig ein«, sage ich.

Auf der Fahrt komme ich ins Grübeln: Wenn mein Mann schon nicht mehr alle Latten am Zaun hat, wie steht es dann um die anderen Väter? Also die, die mit der Bohrmaschine hantieren und an den Stromkabeln herumfummeln?

»Ich hab versprochen, dass ich von der Tanke noch neues Bier mitbringe«, sagt Benni-Papa neben mir mit schwerer Zunge.

»Vergiss es«, sage ich.

Ich parke das Auto wieder vor der Kita und laufe hinter Benni-Papa her nach drinnen, um mir die Party mal genauer anzusehen. Tatsächlich, die Stimmung ist super. Leon-Papa hat gerade ein Bücherregal an die Wand montiert. Eindeutig schief, wie ich finde, aber Leon-Papa meint, Wasserwagen sind was für Sissis. Abkleben ist offenbar auch was für Sissis und nichts für echte Kerle, denn beim Streichen im Flur haben nicht nur die Wände, sondern auch gleich die Lichtschalter, Steckdosen und Türrahmen jede Menge Farbe abbekommen.

Im Badezimmer liegt iDad unterm frisch installierten Waschbecken und flucht leise vor sich hin, die Haare verklebt vom Fugenspachtel. Und im Toberaum steht Luzi-Papa auf einer Leiter und friemelt an den Lampenkabeln herum, die aus der Decke hängen.

»Ihr habt doch die Sicherung rausgedreht?«, will ich gerade fragen, als es einen Knall gibt. Luzi-Papa zuckt kurz und fällt dann rücklings von der Leiter. Glücklicherweise genau in die gut gepolsterte Kuschelecke. Doch da bleibt er liegen und rührt sich nicht mehr.

Ich renne in den Flur, um einen Krankenwagen zu rufen, die anderen Mütter stürzen zur Tür herein, die Männer stehen alle etwas bedröppelt herum. Nur Erzieherin Annabelle, die gerade angekommen ist, um den Fortschritt der Renovierungsarbeiten zu bestaunen, stürzt sich auf den bewusstlosen Luzi-Papa, fühlt seinen Puls, tätschelt ihm die Wangen und beginnt schließlich beherzt mit einer Herz-Druck-Massage und Mund-zu-Mund-Beatmung.

»Also, ich bin sicher, die stabile Seitenlage würde auch reichen, bis der Krankenwagen kommt«, sagt Therese-Mama kühl.

»Mein Gott, er wird doch nicht sterben?«, wimmert Krümel-Mama und zieht sich die Pulloverärmel über die Finger.

»Scheiße, Alter, auf den Schreck brauch ich ein Bier«, sagt Leon-Papa und verschwindet in der Kita-Küche.

Der Krankenwagen ist da. Luzi-Papa ist wieder zu sich gekommen, Annabelle tätschelt ihm die Hand und fährt mit ins Krankenhaus.

»Luzi kann heute Nacht bei uns schlafen«, ruft Emma-Mama ihm noch nach, bevor sich die Tür des Krankenwagens schließt.

»Mein Gott, das arme Kind. Wäre fast zur Waise geworden«, sagt Bio-Bärbel.

Abends lässt sich Benni-Papa mit schwerem Seufzer auf unser Sofa fallen. »Luzi-Papa ist ein Held. Ein Märtyrer!«, sagt er. »Hat genauso wenig Ahnung vom Handwerkern wie ich, lässt sich aber nichts anmerken und stellt sich da auf die Leiter.«

»Ein Held? Ich würde sagen, der Mann ist ein Idiot. Und eine arme Sau, weil er nämlich keine Frau hat, die ihm vorher schon die passende Aufgabe reserviert, so dass keiner merkt, dass er einen Dübel nicht von einer Schraubenmutter unterscheiden kann«, sage ich.

Für den Sonntag haben sich einige Mütter in der Kita verabredet, um den Laden auf Vordermann zu bringen, bevor die Kinder am Montag die Räume wieder in Beschlag nehmen.

»Wir haben die schweren Sachen ja alle schon gemacht, ihr Mädels müsst nur noch ordentlich putzen und aufräumen«, hatte Leon-Papa uns mit auf den Weg gegeben. »Das könnt ihr ja auch besonders gut.«

Stimmt, das können wir gut. Und nicht nur das. Therese-Mama steht auf der Leiter und installiert endlich die Lampe, die Luzi-Papa beinahe ins Jenseits befördert hätte. Harkan-Mama verfugt das Waschbecken im Bad, ich bringe drei leere Bierkästen zum Getränkemarkt und besorge Terpentin, um den Boden und die Lichtschalter von Farbspritzern zu befreien. Finn-Mama hängt das

Bücherregal noch einmal neu und diesmal gerade auf. Bio-Bärbel versprüht nun doch ganz normales Anti-Schimmel-Spray auf dem Schimmelfleck. Am Ende wischt Krümel-Mama noch mal ordentlich durch.

Dann stoßen wir mit den letzten verbliebenen Bierflaschen an. Auf uns, die Trümmerfrauen!

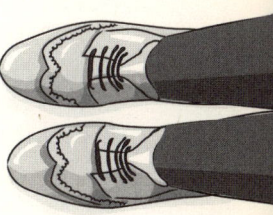

Elternabend

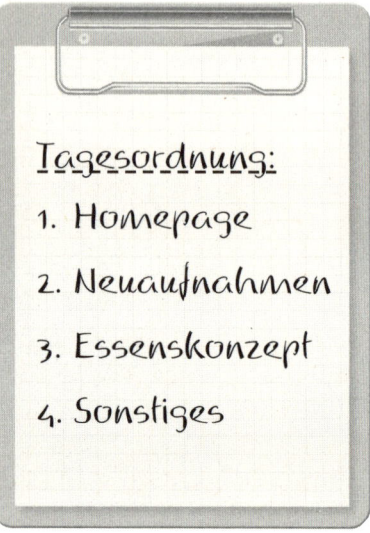

Heute starte ich die Revolution. Ich habe zum Elternabend sechs Flaschen Wein mitgebracht und sie gleich zu Beginn geöffnet auf den Maltisch gestellt. Gleich neben die Kanne mit dem Früchtetee. Es muss doch möglich sein, aus dieser Veranstaltung einen einigermaßen erträglichen Abend zu machen. Und da kann Alkohol nicht schaden.

Erzieherin Annabelle hat sich heute besonders viel Mühe mit dem Outfit gegeben und trägt das Haar ausnahmsweise offen. Fällt noch jemandem auf, wie angestrengt sie versucht, an Luzi-Papa vorbeizugucken? Hat am Renovierungstag etwa nicht nur er einen Schlag bekommen, sondern sie gleich mit? Läuft da was seit der Nummer mit der Mund-zu-Mund-Beatmung?

Annabelle jedenfalls nimmt die Sache mit dem Wein dankbar an und schüttet sich gleich ein Saftglas voll ein. Bio-Bärbel und Therese-Mama schauen etwas verkniffen, gönnen sich dann aber auch ein Schlückchen. Therese-Mama schreibt wie immer das Protokoll, wir alle strecken die Beine unter den Tisch und lauschen den Ausführungen von iDad zum Thema Homepage.

Die ist eigentlich fertig und dass sie noch nicht online ist, liegt nun wirklich nicht an iDad. Nein, den Schuh zieht er sich nun echt nicht an. Es liegt einzig und allein an der Taskforce »Neuaufnahmen«, die ja Kriterien ausarbeiten sollte, nach denen wir die vielen, vielen Gesuche um einen Kita-Platz vorsortieren wollten. Die Taskforce hat aber festgestellt, dass es schwer ist, klare Kriterien zu finden. Und dass wir vielleicht doch lieber aus dem Bauch heraus und nach Sympathie entscheiden sollten.

»Außerdem wird bei diesen Bewerbungen doch eh gelogen, was das Zeug hält«, sagt Finn-Mama. »Wenn ihr Männer alle wirklich das handwerkliche Talent hättet, mit dem ihr euch hier einen Platz ergaunert habt, dann wäre der Handwerkertag neulich ja wohl kaum so ein Desaster geworden.«

Jetzt schmollen die Männer, nur Luzi-Papa und Erzieherin Annabelle tauschen einen heimlichen Blick. Wusste ich es doch! Da geht was.

Wir beschließen erst mal einstimmig, das digitale Sortierungstool nicht zum Bestandteil unserer Homepage zu machen. Stattdessen bilden wir eine neue Arbeitsgruppe »Neuaufnahmen«, die die zweihundert Bewerbungen, die inzwischen in unserem toten E-Mail-Postfach liegen, grob vorsortieren soll, um dann geeignete Kandidaten persönlich zu sichten. Sofort melde ich mich freiwillig. Die Vorstellung, nach meiner eigenen erniedrigenden Kita-Platz-Suche nun endlich auf der anderen Seite zu stehen, gefällt mir verdammt gut. Oh, ich werde grausam sein! Zittert schon mal, ihr Säuglingsmütter!

»Okay, dann kann ich die Homepage ja jetzt scharf stellen, alles andere ist ja fertig«, sagt iDad. Alle nicken eifrig und erheben ihre Gläser und Becher. Ein feierlicher Moment. Schließlich sieht es ganz so aus, als könnte nach mehrmonatiger Debatte nun endlich und tatsächlich unser Internetauftritt Realität werden. Die Wilden Schlümpfe sind im 21. Jahrhundert angekommen!

Zum Thema Neuaufnahmen hat Erzieherin Annabelle noch einen Vorschlag: Ob wir nicht in diesem Jahr mal ein Integrationskind aufnehmen wollen? Die dafür nötige Zusatzqualifikation habe sie ja, und das wäre doch für unsere pädagogische Weiterentwicklung ein ganz wesentlicher Schritt.

»Integrationskind? Wir haben doch Harkan!«, sagt Theo-Mama.

»Es geht um die Integration von Behinderten«, sagt Annabelle. »Harkan ist ja nicht behindert.«

»Na, aber er hat doch Migrationshintergrund. Das

macht ihn schon – wie soll ich sagen? – besonders«, sagt Theo-Mama.

Harkan-Mamas Augen verengen sich zu kleinen Schlitzen. »Harkan ist in Deutschland geboren, wie sein Vater und ich übrigens auch. Er hat sogar einen deutschen Pass. Er ist genauso deutsch wie dein Theo, nur dass er im Gegensatz zu deinem Sohn tatsächlich das Glück hat, zweisprachig aufzuwachsen.«

»Also, mir soll's recht sein«, sagt Theo-Mama nun in Richtung Annabelle. »Wir haben einen Moslem und einen Veganer hier, da werden wir mit einem kleinen Mongo auch noch fertig.«

»Menschenverachtend«, zischt Bio-Bärbel.

Und Annabelle erklärt, dass man erstens nicht »Mongo« sagt, sondern »Kind mit Trisomie 21«, und dass wir zweitens auch ein seh- oder hörbehindertes Kind aufnehmen könnten. Oder ein Kind, das im Rollstuhl sitzt. Oder stark entwicklungsverzögert ist. Unsere Kinder würden durch den Umgang mit einem behinderten Kind Toleranz und Mitgefühl lernen und erst gar keine Berührungsängste mit Behinderten entwickeln.

»Und außerdem gibt es für ein Integrationskind richtig viel Geld von der Stadt«, bringt Petra die Sache auf den Punkt. Für das Geld könnten wir noch eine Erzieherin einstellen und vielleicht sogar endlich eine Putzfrau finanzieren.

Jetzt sind plötzlich alle dafür. Ja, nur immer her mit dem kleinen Behindi!

»Aber bitte nicht ZU behindert, wenn es geht«, sagt Bio-Bärbel. So ein kleines, freundliches Trisomie-21-Kind könne sie sich gut vorstellen (»Das sind ja wirklich ganz liebe Menschen!«). Aber ein Rollstuhlkind wäre beim Wandertag doch eine ziemliche Belastung.

»Und nicht, dass der dann unseren Kleinen mit seinem Rolli ständig über die Finger fährt«, sagt Finn-Mama.

»Ja, und mit einem tauben Kind können wir gar nicht kommunizieren, müssen wir dann hier alle Zeichensprache lernen, oder wie?«, fragt Krümel-Mama. Und erst die Unfallgefahr, der sich ein sehbehindertes Kind aussetzt.

»Je behinderter, desto mehr Geld gibt es aber«, sagt Petra. »Ihr müsst euch schon entscheiden.«

»Sorry, aber ich habe kein gutes Gefühl, wenn wir hier ein behindertes Kind als Geldquelle missbrauchen«, sagt Luzi-Papa.

Und Emma-Mama sorgt sich, dass die anderen Kinder doch sicher zu kurz kommen, wenn ein Kind mit seinen »ganz speziellen Bedürfnissen« so viel Aufmerksamkeit auf sich zieht. »Das sollte man gegen den Nutzen einer Putzfrau schon abwägen, finde ich!«

»Ihr versteht das nicht«, ruft Annabelle, zunehmend verzweifelt. »Der Nutzen ist nicht die Putzfrau oder das Extra-Geld von der Stadt. Der Nutzen ist das behinderte Kind! Eure Kinder kommen deswegen nicht zu kurz, sie profitieren! Das ist eine ganz tolle Erfahrung!«

»Das hast du bei den spielzeugfreien Wochen auch schon behauptet«, sagt iDad. »Können wir nicht einfach alles so lassen, wie es ist? Müssen wir hier ständig alles verändern?«

Annabelle greift sich eine der Weinflaschen, gießt sich ein zweites großes Glas voll ein und sagt mit erstickter Stimme: »Gut, bitte schön! Keine Innovation mehr, kein Extra-Engagement. Ich kann auch Dienst nach Vorschrift.«

»Also kein Integrationskind«, murmelt Therese-Mama, während sie das Protokoll tippt.

Alle schweigen etwas betreten. Aber zum Glück kommt jetzt unser Lieblingstagesordnungspunkt: das Essenskonzept. Bio-Bärbel mahnt an, etwas mehr auf Abwechslung zu achten, im Moment gebe es gefühlt dreimal die Woche Nudeln mit Tomatensoße, das war auch schon mal besser.

»Da habe ich einen Vorschlag«, sagt Harkan-Mama. »Meine Mutter kommt nächste Woche für eine Weile zu uns, und sie würde sehr gern für zwei Wochen das Kochen in der Kita übernehmen.«

Spontaner Beifall brandet auf. Zwei Wochen ohne Kochdienst, zwei Wochen ohne eine E-Mail-Inbox voll unverlangt eingesandter Rezeptideen von Bio-Bärbel. Zwei Wochen lang nicht mit der Kühltasche im Biomarkt rumlungern. Eine freundliche Großmutter, der das Kochen eine Herzensangelegenheit ist, gönnt uns eine Pause von einer der lästigsten Kita-Pflichten. Halleluja!

Nur Krümel-Mama zupft an ihrem viel zu großen Pullover herum, legt den Kopf schief und fragt: »Was genau kocht deine Mutter denn dann?«

»Na, türkisch natürlich!«, sagt Harkan-Mama. »Arnavut Köftesi, Bohca, Lahmacun, Misirli Hasanpaşa Köftesi, Yesil Fasulye, Kisir …«

»Ja, verstehe, aber das ist für mich ehrlich gesagt ein bisschen intransparent«, sagt Krümel-Mama. »Ich finde es ja toll, dass deine Mutter hier kochen möchte, aber das kann ja nicht total unkontrolliert geschehen.«

»Ich müsste sie natürlich vorher ausführlich nicht nur in unser Essenskonzept, sondern auch in unsere Hygienestandards einweisen«, sagt Bio-Bärbel.

»Spricht deine Mutter denn überhaupt Deutsch?«, fragt Emma-Mama.

»Ja, meine Mutter spricht ganz gut Deutsch. Und was eure Befürchtungen in puncto Hygiene betrifft: Auch Türken waschen sich nach dem Scheißen die Hände«, sagt Harkan-Mama. »Meine Mutter trägt sogar ein Kopftuch, es wird also keine Haare im Essen geben.«

»Na, solange sie unseren Mädchen keines aufzwingt, soll's mir recht sein«, murmelt Pia-Mama.

»Aber ist die türkische Küche nicht viel zu scharf für unsere Kinder?«, fragt Krümel-Mama.

»Ja, und erst all dieser Knoblauch«, sagt Theo-Mama.

»Und bekommen wir hier überhaupt die Genehmigung für einen Dönerspieß?«, fragt iDad, der seinen Witz als Einziger lustig findet.

»Meine Mutter hat sieben Kinder großgezogen, hat also jede Menge Erfahrung. Die türkische Küche gehört zu den gesündesten der Welt, sie besteht hauptsächlich aus Gemüse. Ich weiß nicht, was daran schlecht für eure Kinder sein soll«, sagt Harkan-Mama.

»Das Gemüse und vor allem das Fleisch müsste sie natürlich im Bioladen …«, hebt Bio-Bärbel an, doch da platzt Annabelle der Kragen. Sie hat inzwischen das vierte Glas Rotwein intus, schwankt ein bisschen auf dem kleinen Stuhl und hält sich an Erzieherin Petra fest, während sie mit der anderen Hand wild gestikuliert:

»Sagt mal, merkt ihr eigentlich, was für ARSCH-LÖCHER ihr alle seid? Rafft ihr das? Geht das in eure bor-

nierten Schädel? Eure Doppelmoral, euer ständiges Ge-
mecker KOTZEN! MICH! AN!«

Alle starren fassungslos in Richtung Annabelle.

»Ist ja gut, sie darf ja kochen, ich wollte ja nur mal nach-
fragen«, sagt Krümel-Mama erschrocken.

Therese-Mama tippt mit spöttischem Grinsen an ihrem
Protokoll. Annabelle stürmt nach draußen, und ich beobachte Luzi-Papa, der ihr sicher gerne nachgehen würde,
sich aber offenbar nicht traut, so vor allen anderen.

»Jetzt hast du Annabelle zum Weinen gebracht«, sagt
Theo-Mama vorwurfsvoll zu Harkan-Mama.

»Tolle Idee mit dem Wein«, flüstert mir Petra zu.

»Ja, ich würde sagen, das war es wohl für heute«, sagt
Therese-Mama. »Vielleicht könnte mir noch jemand helfen, die Gläser in die Spülmaschine ...«

Aber da hört schon längst keiner mehr zu.

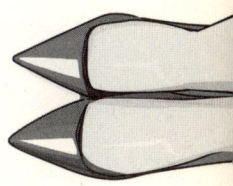

Kleider machen Kita-Kinder

Warum der Kindergarten ein schwarzes Loch ist und auch Streitäxte Namensschilder brauchen

Am Morgen nach dem Elternabend kommt eine Rundmail von Erzieherin Petra:

Betreff: Wie oft muss ich das noch sagen?
Liebe Eltern,
Annabelle hat sich für den Rest der Woche krankge-
meldet. Bitte holt Eure Kinder möglichst früh ab, ich
will pünktlich in den Feierabend. Und noch etwas: Bitte,
bitte verseht die Klamotten, Mützen, Handschuhe,
Schals, Jacken der Kinder mit Namensschildern.
Müssen wird das alle sechs Monate wieder erklären?
Schönen Tag noch, Eure Petra

Die Kita ist ein schwarzes Loch, in dem permanent Dinge verschwinden. Und Kinder haben viele Dinge. Allen voran die Mädchen. Wenn bei H&M wieder mal Prinzessinnen-Tütüs im Angebot sind, dann haben garantiert alle Mädchen bei den Wilden Schlümpfen eins. Und weigern sich geschlossen, irgendetwas anderes anzuziehen, so dass sechs Mädchen zwischen eins und sechs allesamt in rosa Rüschen gewandet in der Kita erscheinen. Dann dauert es keine drei Tage, und es werden hektisch E-Mails geschrieben:

»Hat jemand versehentlich Pias Tütü vertauscht? Pia trägt Größe 110, und plötzlich hatten wir eins in Größe 98 (mit zwei Löchern!!) an ihrem Garderobenhaken hängen. Schaut Ihr mal nach?«

»Ich suche seit Tagen Harkans zweiten Gummistiefel, weiß jemand, wo der sein könnte?«

»Luzi vermisst ihre geliebte Hello-Kitty-Haarspange und einen Haarreif mit Glitzerschmetterlingen drauf, hat die irgendjemand gefunden?«

Die Sache mit den Haarspangen ist mir als Jungsmutter ohnehin schleierhaft. Was ist so verkehrt daran, Mädchen einen Pony zu schneiden? Können die sich nicht die Haare bis zum Po wachsen lassen, wenn sie auch in der Lage sind, selbst auf ihre Haarspangen aufzupassen?

Aber viel besser ist es bei den Jungs auch nicht. Jungs verlieren mit Vorliebe Schals, Mützen und Handschuhe, sie machen sich außerdem einen großen Spaß daraus, ihre Hausschuhe zu verstecken. Und am Spielzeugmittwoch, dem Tag, an dem jedes Kind ein Spielzeug von zu Hause mitbringen darf, »leihen« sie einander ansonsten heilige Plastikdinosaurier oder Playmobilritter. Natürlich erinnern sie sich nie daran, an wen. Brauchen den Stegosaurus aber ganz, ganz dringend zurück. Also wieder E-Mails schicken:

»Hallo, wo ist Finns Triceratops? Das ist der Dino mit den drei Hörnern. Er will ihn wiederhaben, und unter uns: Die Dinger sind teuer! Also bitte wieder mitbringen, leihen ist nicht schenken.«

Neulich erst habe ich iDad dabei beobachtet, wie er in der Kita auf dem Boden herumkroch, auf der Suche nach einer Streitaxt.

»Streitaxt? Hier? In der Kita? Hast du gekifft?«, frage ich
irritiert. Aber nein, es ging um die Streitaxt eines Playmo-
bilritters, die verlorengegangen ist und ohne die der Ritter keinerlei Sammlerwert mehr hat.

»Bitte auch Streitäxte mit Namen beschriften!«, mahnt
Erzieherin Petra.

»Könnten die Kinder nicht mal eine Projektwoche
Namensschildchen machen und hier in der Kita all ihre
Dinge selbst beschriften?«, fragt Sheila-Mama. »Das wäre
doch toll, und die Kleinen schreiben doch sowieso gern
ihre Namen auf alles Mögliche drauf. Die Größeren könnten den Kleineren helfen und die Vorschulkinder könnten
die Namensschilder ja sogar selber einnähen!«

»Ich finde das mit dem Beschriften bescheuert, man
kriegt doch im Secondhand-Laden nichts mehr für die
Klamotten, wenn da überall schon Namen drinstehen«,
mault Finn-Mama.

»So weit kommt es noch, dass ich in Theos Mantel
irgendetwas reinschreibe oder -nähe. Das ist ein echter
Burberry!«, sagt Theo-Mama.

Theo-Mama mag zwar die einzige unter uns Kita-Müttern
sein, die ihr Kind in Designereinzelstücke steckt, aber
auch der Rest von uns tendiert dazu, den Nachwuchs
teurer und aufregender einzukleiden als sich selbst. Mo-
disch spielen die Wilden Schlümpfe wirklich in der ersten
Liga. Was unsere Erzieherinnen sehr verdrießt, denn je
ausgefeilter das Kinder-Outfit, desto mehr Stress. Wenn
Petra und Annabelle unsere vierzehn Kinder für einen
Ausflug auf den Spielplatz anziehen, kämpfen sie in der
engen und stickigen Kita-Garderobe mit mehrlagigen

Rüschenkleidern, Schnürstiefeln, komplizierten Kombinationen aus Thermo-Unterweste und Windshield-Überjacke und Fransenhalstüchern, die sich in Reißverschlüssen verhaken.

»Was spricht eigentlich gegen Gummistiefel und eine ganz normale wetterfeste Jacke?«, stöhnt Erzieherin Petra regelmäßig. »Kauft euren Kindern doch wenigstens Schuhe mit Klettverschluss. Wisst ihr, wie lange es dauert, achtundzwanzig Schnürsenkel zu binden?«

Überhaupt wäre es für den Frieden zwischen Erzieherinnen und Eltern gut, dem Kind ein wetterfestes, schmutzabweisendes und billiges Kita-Outfit anzuschaffen. Denn einige Eltern nehmen unsere Erzieherinnen bei der Pflege der kindlichen Haute Couture direkt in Haftung: »Annabelle, ihr müsst echt besser aufpassen beim Mittagessen, Emma hatte ihren Pulli schon wieder voller Tomatensoße. Das ist Merinowolle, ich muss das alles mit der Hand waschen!«

»Thores Jacke hat einen Riss unterm Arm, er sagt, dass wäre beim Toben auf dem Spielplatz passiert. Wer ersetzt uns den Schaden jetzt? Hat die Kita eine Versicherung für so was? Ich sehe nicht ein, ihm schon wieder eine neue Jacke zu kaufen!«

Aber wie bei jedem Extrem zeigt sich auch bei der Kleiderfrage ein Gegenextrem: Vor einiger Zeit haben wir in der Kita-Garderobe eine Lost-and-Found-Box eingerichtet, die sich Woche für Woche neu füllt – weil zwar alle fleißig einzelne Socken, einzelne Handschuhe, gefundene Haarspangen, vertauschte Hosen und zu klein gewordene Hausschuhe dort deponieren, aber so gut wie nie jemand wieder etwas aus der Box herausholt. Allein mit den dort angesammelten Haarspangen könnte man eine Herde Shetlandponys frisieren. Wozu dieser ständige Zoff um verlorengegangenen Kram, wenn sich dann doch niemand so richtig für das interessiert, was wiederauftaucht?

Sheila-Mama hat die Idee, den Inhalt der Kiste alle zwei Wochen an ein afrikanisches Hilfsprojekt zu senden. Sie würde das als Elterndienst auch übernehmen.

»Na, da werden sich die kleinen Afrikaner aber freuen über die einzelnen Socken und Handschuhe«, höhnt Leon-Papa.

»Aber du weißt schon, dass mit diesen Altkleidern der afrikanische Textilmarkt kaputtgemacht wird?«, fragt Bio-Bärbel.

»Ich glaube, es ist vor allem die afrikanische Haarspangenindustrie, die durch die Kita Wilde Schlümpfe zu leiden haben wird. Wir überschwemmen deren Markt mit Glitzerhaarspangen und ruinieren so die Preise!«, sagt Erzieherin Petra.

Ja, schon gut, es sei ja auch nur eine Idee gewesen, sagt Sheila-Mama schmollend. Also einigen sich die Eltern darauf, dass der Inhalt alle zwei Wochen einfach entsorgt wird. Und zwar auf dem Müll.

Damit können alle gut leben, bis auf Bio-Bärbel. Rohstoffverschwendung sei das, findet sie. Und so fischt wenigstens eine ab und an etwas aus der Lost-and-Found-Box, bevor der Inhalt in den Müll wandert. Man munkelt, Bio-Bärbel würde auf den einzelnen Socken und Handschuhen Kresse züchten.

Germany's next Karnevalsprinz

Fashion-Week war gestern –
heute ist Kita-Fasching

Anfang des Jahres, genau zwischen der Mailänder Modewoche und den Pariser Prêt-à-porter-Schauen, gibt es ein weiteres Fashion-Highlight, das uns Eltern der Wilden Schlümpfe in Atem hält: den Kita-Fasching.

Ich kann mich an meine eigenen Kindergartenfaschingsfeste kaum erinnern, weiß aber, dass ich wahlweise als Gespenst oder als Vampir verkleidet war. Also nicht viel mehr brauchte als ein bisschen weiße Schminke, ein weißes Bettlaken oder einen schwarzen Umhang. So ähnlich wollte ich es auch bei Ben halten. Aber daraus wird natürlich nichts.

Es ist Ende Januar. Wir Mütter (und ein paar anwesende Väter) stehen im Nieselregen um die Sandkiste auf dem Spielplatz herum und besprechen die anstehenden Feierlichkeiten und die möglichen Kostüme unserer Kinder. Die Jungs wollen fast durchgängig als Spiderman gehen, manche als Piraten. Die Mädchen möchten alle Prinzessinnen oder Feen oder Feenprinzessinnen sein. Lange lamentieren wir über die Eindimensionalität kindlicher Wünsche, da platzt es aus Finn-Mama heraus:

»Finn will auch unbedingt als Prinzessin gehen. Ich hab ja nichts dagegen, aber ich habe Angst, dass die anderen Kinder ihn auslachen.«

Betretenes Schweigen. Nur Erzieherin Annabelle strahlt. Und hat eine bahnbrechende Idee:

»Ich finde es toll, dass Finn sich traut, mit seiner weiblichen Seite zu spielen und sich noch nicht so festlegen zu lassen. Das sollten wir ihm unbedingt ermöglichen. Und allen anderen auch«, sagt sie begeistert. »Was haltet ihr davon, wenn wir in diesem Jahr das Faschingsfest unter ein Motto stellen? In diesem Jahr kommen alle Kinder als Prinzessinnen oder Feen. Und im nächsten Jahr kommen alle Kinder als Piraten oder Indianer.«

»Mein Sohn im Prinzessinnenkostüm? Nur über meine Leiche!«, ruft Leon-Papa.

»Ich weiß nicht, wie ich das Thore vermitteln soll, der nimmt schon seit Weihnachten seinen Darth-Vader-Helm und sein Laserschwert mit ins Bett«, sagt Thore-Mama.

Und Krümel-Mama hat für Krümel schon extra einen roten Hut gefilzt, für sein Sandmännchenkostüm.

»Will dein Sohn als Sandmännchen gehen, oder willst du, dass er als Sandmännchen geht?«, fragt Emma-Mama ungläubig.

»Krümel möchte als Spiderman gehen aber das erlaube ich nicht, das ist mir alles zu … martialisch. Und Sandmännchen passt doch auch viel besser zu ihm«, sagt Krümel-Mama selbstbewusst.

»Aber geht es beim Fasching nicht darum, eine Seite von sich zu zeigen, die man sich sonst nicht auszuleben traut? Ist doch normal, dass die Jungs alle Superhelden sein wollen, vor allem die, die sonst eher was auf die Mütze kriegen«, sagt iDad. Wir sollten unsere Wünsche nicht zu stark auf unsere Kinder projizieren. Wenn es nach ihm ginge, würde er seine Tochter Java ja gern als

Pacman verkleiden, aber auch seine Kleine bestehe auf Feenflügel.

Es kommt, wie es kommen muss: Die Idee mit dem Feen- und Prinzessinnenfasching setzt sich leider nicht durch. Schade eigentlich, denn ich hätte Ben gern als Prinzessin verkleidet. Das hätte mir die Möglichkeit gegeben, ihm mal seine langen Jungswimpern zu tuschen!

Ben selbst ist noch zu klein, um konkrete Wünsche zu äußern, aber ich spüre, dass ein Bettlaken mit zwei Löchern drin es wohl nicht richten wird. Wie stehe ich da vor all den anderen Müttern, die sich offenbar mal wieder viel mehr Gedanken über die ganze Sache gemacht haben als ich? Ich versuche mir vorzustellen, welches Kostüm Ben am ehesten entsprechen würde. Brüllen kann mein Sohn sehr gut und laut, er mag Katzen und hat mit seinen blonden Locken durchaus etwas, was man als Mähne bezeichnen könnte. Ben wird also als Löwe zum Kita-Fasching gehen. Ein kurzer Blick ins Internet, und ich stelle erleichtert fest: Es gibt jede Menge Löwenkostüme für Kleinkinder. Ich bestelle eines für 20 Euro und bin stolz auf mich.

»Du hast das Kostüm für deinen Sohn GEKAUFT? Im INTERNET?« Bio-Bärbel sieht mich an, als hätte ich dort gerade eine von Bens Nieren versteigert. »Na ja, du arbeitest ja auch sehr viel und hast wahrscheinlich keine Zeit, deinem Kind ein richtiges Kostüm zu nähen«, sagt sie noch.

Ich muss schlucken. Bio-Bärbel hat recht, ich habe eigentlich wirklich keine Zeit, außerdem kann ich gar nicht nähen. Aber vielleicht sollte ich mir diese Zeit nehmen? Denn alle anderen tun es offenbar auch. Ole, der Sohn von Bio-Bärbel, bekommt ein Wikingerkostüm mit handgeschnitztem Schild. Den Fellbesatz der Wikingerstulpen schneidert Bio-Bärbel aus Oles altem Lammfell, auf dem er als Baby immer gelegen hat. Krümel-Mama filzt inzwischen rote Schnabelschühchen und näht einen Umhang sowie einen Traumsandsack. Die Mädchen-Mütter haben sich im Kaufhaus verabredet, um gemeinsam Glitzerfäden und Pailletten für die Prinzessinnenkostüme zu erstehen. Nur Luzi-Papa gibt gleich zu, dass er Luzis Kostüm gekauft hat, wofür natürlich alle Verständnis haben. Der arme Mann ist schließlich allein und arbeitet auch so schrecklich viel.

Ich kaufe also Stoff und krame die alte Nähmaschine hervor, die ich von meiner Oma geerbt und seitdem noch nie benutzt habe.

»Was soll der Quatsch?«, fragt Benni-Papa, als er mich dabei beobachtet, wie ich fluchend versuche, den Faden richtig einzulegen. »Ben ist es doch völlig egal, ob er ein selbstgeschneidertes Kostüm anhat oder nicht.«

»Ben vielleicht. Aber den anderen Müttern nicht«, grummle ich zurück.

Also fange ich an zu nähen. Den ersten Versuch verwerfe ich und fange noch einmal neu an. Vier Tage lang sitze ich Abend für Abend an Bens Löwenkostüm.

Währenddessen hat sich eine weitere grundsätzliche Diskussion in der Elternschaft der Wilden Schlümpfe ergeben. Krümel-Mama hat eine E-Mail an alle geschrieben, in der sie dafür plädiert, den Kita-Fasching waffenfrei zu halten:

»Die Verherrlichung von martialischen Figuren, von

Pistolen, Schwertern, Säbeln und Dolchen halte ich für äußerst problematisch. Wir sollten unseren Kindern vielmehr vermitteln, dass Gewalt keine Lösung sein kann.«

Leon-Papa widerspricht sofort und schreibt zurück: Ein Pirat ohne Säbel sei kein richtiger Pirat. Woraufhin Bio-Bärbel anmerkt, dass Piraten gesetzlose Verbrecher sind, schon immer waren und seit Jahrhunderten auf bedenkliche Weise romantisch verklärt würden.

»Ach, aber Wikinger sind Friedensengel, oder was?«, ätzt Leon-Papa in die Runde. Und Theo-Mama, die für Theo schon ein Polizistenkostüm besorgt hat (und gar nicht erst auf die Idee gekommen ist, selbst Hand anzulegen), fragt, wie das denn dann mit der Dienstwaffe sei.

Emma-Mama springt Krümel-Mama zur Seite. Es sei doch nun wirklich irre, den Kindern ständig zu sagen, sie dürften sich nicht prügeln, nur um ihnen dann einmal im Jahr einen Totschläger in die Hand zu drücken. Und ob die Welt nicht ein friedlicherer Ort wäre ohne die männliche Faszination für Waffen.

»Ich frage mich eher, ob diese Fixierung auf Niedlichkeit und Schönheit, die sich in der Versessenheit der Mädchen auf Feen und Prinzessinnen zeigt, nicht noch viel gefährlich ist«, schreibt Leon-Papa. »Wenn Waffen an Fasching verboten werden, dann muss auch pinker Glitzerschrott verboten werden.«

O Mann, bin ich froh, mich für ein Löwenkostüm entschieden zu haben! Tiere sind im Genderdiskurs unverdächtig.

Leider reichen meine Nähkünste bei weitem nicht aus. Ich muss trotz aller Mühen zugeben: Niemand wird Ben als Löwen erkennen, eher wird man ihn für eine Kartoffel halten. Im besten Fall für eine Bio-Kartoffel. Am großen Tag stecke ich Ben dann doch in das gekaufte Löwenkostüm. Mein Kind soll nicht unter meinem Komplex leiden müssen, nicht für eine gute Mutter gehalten zu werden. Er sieht großartig aus und faucht schon mal sein Spiegelbild an, während ich ihm noch ein paar Schurrhaare aufschminke.

In der Kita öffnet uns Erzieherin Petra die Tür, die sich das Gesicht blau angemalt und eine weiße Mütze aufgesetzt hat. »Da ist echt keiner drauf gekommen, sein Kind als Wilden Schlumpf zu verkleiden!«, sagt sie fassungslos. Stattdessen kommen nun nach und nach all die Prinzessinnen, Feen, Darth Vaders, Piraten und Spidermans eingetrudelt. Der arme Krümel sieht etwas unglücklich aus in seinem Sandmännchenkostüm, zum Glück hat Thore gleich zwei Laserschwerter mitgebracht und kann ihm eines leihen. Und Finn? Der ist zwar nicht als Prinzessin, dafür aber als Prinz verkleidet, mit goldenem Krönchen und einem prachtvollen, mit Plastikjuwelen bestickten Umhang.

Erzieherin Annabelle hat sich als »Bezaubernde Jeannie« verkleidet, eine Referenz, mit der die Kinder sicher nichts anfangen können. Aber den Vätern ermöglicht das Kostüm einen schönen Blick auf Annabelles flachen Bauch. »Jetzt feiern wir ein wildes und fröhliches Faschingsfest, mit Polonaise, Luftschlangen, Apfelsaft und Konfetti. Ganz ohne Streit«, sagt Annabelle, kreuzt die Arme und zwinkert, so wie die bezaubernde Jeannie es tut, wenn sie ihrem Master einen Wunsch erfüllt. Ein Faschingsfest ohne Streit – der Wunsch wird wohl in Erfüllung gehen. Schließlich sind wir Eltern ja nicht eingeladen.

Mein Kind ist geiler
als dein Kind!

Jungsmütter vs. Mädchenmütter –
das ewige Duell

Die große Diskussion um den Kita-Fasching hat es wieder einmal bewiesen: Es geht ein Riss durch unsere Gesellschaft. Und der Riss verläuft nicht zwischen arm und reich oder links und rechts. Der Riss verläuft zwischen Mädchenmüttern und Jungsmüttern.

Natürlich findet jede Mutter die eigene Brut am besten, und als Jungsmutter bin auch ich gnadenlos parteiisch. Aber damit stehe ich nicht alleine. Wir Jungsmütter rotten uns gerne auf dem Spielplatz zusammen und raunen uns verschwörerisch »Bin ich froh, dass ich kein Mädchen habe!« zu, wenn mal wieder eine der Kita-Prinzessinnen wegen ein paar Schlammspritzern auf dem Lillifee-Pullover zur hysterischen Furie wird. Wir Jungsmütter finden alles, was pink ist und glitzert, grauenhaft und können uns lautstark über die schlimmen Rollenklischees ereifern, denen die Mädchen heutzutage schon im Kleinkindalter ausgesetzt sind. Und kaufen unseren Jungs natürlich, ohne mit der Wimper zu zucken, noch den dümmsten Bob-der-Baumeister-Spiderman-Star-Wars-Trash. Aber der ist nun mal wirklich nicht so schlimm wie der ganze rosa Prinzessinnenkram!

Wir finden Mädchen pienzig und empfindlich. Divenhaft! Launisch! Und schlicht und ergreifend langweilig.

133

Immer sitzen sie lieb und ruhig irgendwo rum und fädeln Perlen auf Schnüre. Oder schauen sich Bilderbücher an und ziehen ihre Puppen an und aus. Oder lassen ihre Filly-Ponys über den Wohnzimmerteppich trappeln. Total öde, so was!

»Also, ich könnte das ja nicht, den ganzen Tag drinnen sitzen«, sagt Bio-Bärbel. »Ole braucht so viel Bewegung und frische Luft. Und ich genieße das ja auch sehr, bei wirklich jedem Wetter mit ihm vor die Tür zu gehen!«

»Ja, genau!«, sekundiere ich. »Und lieber mal eine ordentlich Prügelei als dieses ständige Rumgezicke. Mit Jungs ist wenigstens ordentlich Leben in der Bude. Und bevor ich später meine Wochenenden in irgendwelchen Reitställen mit lauter versnobbten Pferdemuttis verbringen muss, steh ich doch zehnmal lieber auf einem Fußballplatz herum.«

»Jungs sind ja auch in der Pubertät viel einfacher als die Mädchen«, sagt Harkan-Mama. »Wenn ich heute die jungen Dinger sehe in ihren viel zu kurzen Klamotten und mit diesen Tonnen von Make-up im Gesicht, da wird mir angst und bange!«

Natürlich sehen Mädchenmütter das genau umgekehrt. Auch sie stecken auf dem Spielplatz die Köpfe zusammen und beglückwünschen sich zu ihren zivilisierten Kindern, wenn die Jungs mal wieder wie eine Horde hormongeschüttelter Junggorillas durch die Pfützen toben. Sie finden Jungs laut und rüpelhaft. Anstrengend! Eklig! Ständig müssen sie lautstark rülpsen und pupsen und »Kackascheiß!« schreien und mit Stöcken aufeinander eindreschen.

»Ich genieße die Winterwochenenden mit Emma richtig«, schwärmt Emma-Mama. »Wir kuscheln uns schön zu Hause ein und spielen ganz ruhig oder lesen Bücher vor. Bei jedem Wetter vor die Tür, nur damit einem das Kind zu Hause nicht die Wohnung zerlegt, also das wär nichts für mich!«

»Ja, genau!«, sekundiert Pia-Mama. »Und ich finde es toll, dass die Mädchen ihre Konflikte verbal austragen können und nicht gleich aufeinander einschlagen wie die Steinzeitmenschen. Das Leben mit Mädchen ist so viel entspannter. Und bevor ich später mit lauter Proleten auf irgendwelchen Fußballplätzen stehen muss, sitze ich doch lieber schön gemütlich im Reitstall rum.«

»Und die Pubertät erst! Jungs fangen irgendwann fürchterlich an zu stinken und fressen einem die Haare vom Kopf«, sagt Therese-Mama. »Immer wenn ich diese halbstarken Teenager mit ihren viel zu weiten Hosen und ihren viel zu lauten Kopfhörern sehe, da wird mir angst und bange!«

So bestätigen wir uns also permanent gegenseitig, wie gut wir es getroffen haben. Aber natürlich reicht das nicht. Natürlich muss auch ein Feindbild her. Für die Mädchenmütter steht außer Frage, dass ihre Töchter zu Nobelpreisträgerinnen werden könnten, wenn sie nicht von all diesen minderbemittelten, hirnlosen und brutalen Pimmelträgern an der vollen Entfaltung ihrer Fähigkeiten gehindert würden. Und auch uns Jungsmüttern ist völlig klar, dass es einzig und allein die Mädchen sind, die unsere Söhne daran hindern, zu tatkräftigen und durchsetzungsfähigen Weltenlenkern zu werden. Diese Alpha-Girls, denen schon im Kindergarten eingeflößt wird, dass sie nicht nur das schönere, sondern auch das schlauere

Geschlecht sind! Können schon Kopffüßler malen, bevor unsere Jungs überhaupt einen Stift in ihren klebrigen Griffeln halten. Können früher sprechen und laufen. Später bleiben sie seltener sitzen und machen die besseren Schulabschlüsse. Und bis dahin müssen sich unsere jungen Prinzen permanent an ihre Bedürfnisse anpassen. Dürfen nicht raufen, nicht knuffen, nicht zu laut sein, nicht im Stehen pinkeln. Und wenn Leon und Ole auf die Idee kommen, aus Pia eine gefangene Indianersquaw zu machen und sie mit einem Springseil an einen »Marterpfahl« zu fesseln, dann fragt sich gleich die ganze Mädchenmüttermafia, was da wohl zu Hause schiefläuft, wenn schon die kleinen Jungs ein derart sexistisches Verhalten an den Tag legen.

»Scheint ja bei euch nicht ungewöhnlich zu sein, Frauen zu fesseln!«, keift Pia-Mama nachmittags auf dem Kita-Spielplatz.

»Reg dich ab, deine kleine Prinzessin wird schon nicht dran sterben, sie kann ja den Rest des Tages wieder Ponyhof spielen!«, pöbelt Leon-Mama zurück. Und Leon-Papa schiebt noch nach, dass ein paar Fesselspiele Pia-Mama vielleicht auch mal wieder ganz guttun würden, so wie sie sich hier aufführt, die frigide Kuh.

»Genau das ist doch das Problem hier«, sagt Emma-Mama empört. »Wenn sich Frauen gegen männliches Dominanzgebaren zur Wehr setzen, gelten sie gleich als frigide! Ihr zieht eure Söhne zu frauenverachtenden Sexisten heran, die glauben, man könne mit den Mädchen umspringen, wie man will!«

»Jetzt tut mal nicht so, als könnten sich eure Mädchen

nicht wehren. Die sind doch Meisterinnen, wenn es um seelische Grausamkeiten geht«, sagt Harkan-Mama. »Immer dieses Gezicke, wer wessen beste Freundin ist, das heimliche Getuschel und Geläster. Harkan hat richtig gelitten, als Pia ihn nicht zum Geburtstag einladen wollte, das war für ihn schlimmer, als wenn sie ihm mal eine gescheuert hätte.«

»Ach, sollen jetzt die Mädchen ihre Konflikte auch mit Gewalt lösen, nur damit eure Jungs damit besser klarkommen?«, fragt Pia-Mama.

»Ihr sollt nur aufhören, eure Mädchen zu männerhassenden Hysterikerinnen zu erziehen, die sich immer und überall vom anderen Geschlecht benachteiligt und unterdrückt fühlen«, sagt Leon-Mama.

Ein spitzer Schrei von Krümel-Mama beendet die lebhafte Geschlechterdebatte, denn Krümel ist auf dem einzigen klettertauglichen Spielplatzbaum bis ganz nach oben gekraxelt und kommt jetzt nicht mehr runter. Ole, Leon, Pia und Luzi stehen unterm Baum und debattieren, während sich Krümel etwa vier Meter über ihnen wimmernd an seinen schwankenden Ast klammert. Die Mädchen sind dafür, dass Krümel einfach runterspringt. Dann könnte man einen Krankenwagen mit Blaulicht und allem Pipapo rufen, was natürlich ziemlich spektakulär wäre. Die Jungs sind eher dafür, die Feuerwehr zu rufen, die käme schließlich auch mit Blaulicht, aber auch mit einer coolen Drehleiter, mit der man Krümel aus dem Baum retten könnte.

Krümel-Mama ist unterdessen kurz vor einem Ohnmachtsanfall, doch Luzi-Papa fasst sich ein Herz, streift sein Cordjackett ab und klettert zu Krümel hoch, um ihm dann vorsichtig herunterzuhelfen. Luzi-Papas Mütter-fanclub steht mit glänzenden Augen unterm Baum und bestaunt seine selbstlose und heroische Tat. »Und das, obwohl er doch neulich erst so schlimm von der Leiter ge-stürzt ist«, sagt Bio-Bärbel weihevoll.

Die Kinder bekommen davon gar nichts mit. Sie strei-ten immer noch, ob Feuerwehrautos oder Krankenwagen cooler sind.

»Feuerwehr!!!«, schreit Leon.

»Krankenwagen!!!«, schreit Pia zurück. »Und jetzt hol ich mir deinen Skalp, du Blödi!«

Auf der dunklen Seite
der Macht

Benni-Mama übernimmt
das Eltern-Casting

Oh, wie ich mich freue! Schon seit Wochen bin ich aufgeregt, denn endlich geht das Casting für die neuen Wilden Schlümpfe los. Pia wird in diesem Sommer eingeschult, Theo wird Anfang nächsten Jahres mit seinen
Eltern ins Ausland ziehen, weshalb wir jetzt schon mal
Ersatz suchen. Und es rücken keine Geschwister nach. Es
gibt also zwei neue Plätze zu vergeben. Zwei neue Elternpaare, die sich in einem quälenden und erbarmungslosen
Auswahlverfahren würdig erweisen müssen – und zwar
vor mir! Denn beim letzten Elternabend habe ich mich
freiwillig für die »Taskforce Neuaufnahmen« gemeldet.

Zusammen mit Therese-Mama und Erzieherin Petra
sitze ich also abends bei einem Glas Wein an unserem
Küchentisch und sichte die unzähligen Bewerbungen,
die unter bewerbung@wildeschluempfe.de eingegangen
sind.

Immer, wenn mal wieder verzweifelte Säuglingsmütter vor der Kita-Tür auf den Knien rumrutschten, haben
unsere Erzieherinnen auf diese Mail-Adresse verwiesen.
Und irgendwann entnervt einen Zettel an die Tür gehängt:

Bitte AUF KEINEN FALL klingeln!
Bewerbungen werden nur per E-Mail
entgegengenommen. Wer »gerade sowieso in der Nähe
war und sich nur mal schnell persönlich vorstellen will«,
fliegt sofort aus dem Bewerberpool!

Natürlich erinnere ich mich plastisch an die Zeit, als ich selbst noch eine von den verzweifelten Säuglingsmüttern war. Man könnte annehmen, dass mich diese Erfahrung milde gemacht hätte, aber das Gegenteil ist der Fall. Ich habe so viel Scheiße gefressen, jetzt sollen die anderen das auch tun müssen! Ich will nämlich auch mal vollgeschleimt werden. Ich will, dass sich Mütter demütig darüber auslassen, wie phantastisch sie unseren Kindergarten finden. Ich will gutaussehende Väter, die mit mir flirten und hemmungslos ihre handwerklichen Fähigkeiten aufblasen, weil sie sich davon einen Vorteil erhoffen. Ich möchte Bestechungsversuche erleben, Schmeicheleien, Komplimente. Und ich will einmal diese göttliche Macht spüren, Herrin über das Schicksal einer berufstätigen Mutter zu sein!

Petra, Therese-Mama und ich klicken uns also durch die Mails.

»Die sind zu alt, ich hab keine Lust auf spätgebärende Akademikereltern, die sind anstrengend«, sagt Petra.

»Da, die ist Buchhalterin, die kann das Kassenbuch und die Personalbuchhaltung übernehmen«, sagt Therese-Mama.

»Die sehen unsympathisch aus. Und wer bitte nennt sein Kind Lionel, die haben doch 'ne Meise«, sage ich.

So geht das immer weiter.

Bewerbungen mit allzu kitschigen Familienfotos: weg! Eltern mit uninteressanten Berufen und unflexiblen Arbeitszeiten: weg! Kinder mit doofen Namen, besonderen Ernährungsbedürfnissen, Allergien oder chronischen Krankheiten: weg! Zwillinge: weg!

Da, endlich der erste handfeste Bestechungsversuch: »Gern spenden wir Ihrem Verein einen mittleren vierstelligen Betrag, der die Kontinuität ihrer hervorragenden pädagogischen Arbeit garantieren und Raum für Weiterentwicklung geben soll.«

»Arschloch!«, ruft Petra. »Die Kontinuität unserer hervorragenden pädagogischen Arbeit ist auch ohne die Kohle von diesem Fatzke garantiert. Was bildet der sich ein?«

»Aber überleg mal, das wären so um die 5000 Euro, davon könnten wir endlich den Toberaum richtig sanieren. Und eine größere Summe für euren Betriebsausflug würde da doch auch abfallen«, sagt Therese-Mama.

»Nix da!«, sagt Petra. »Wer mich bestechen will, muss das besser verpacken. Oder noch einen Tausi oben drauflegen, und zwar nur für mich!«

»Hier, die klingen nützlich: Er ist Kfz-Mechaniker, sie ist Steuerfachangestellte. Ich sag euch, einen Kfz-Mechaniker zu kennen ist Gold wert. Und als Steuerfachfrau kann die doch auch endlich Therese-Mama bei der Buchhaltung helfen«, jubiliere ich.

»Gekauft, die kommen auf den Recall-Stapel«, sagt Therese-Mama.

Dann lachen wir noch herzlich über die Mail einer Mutter, die uns bittet, doch kurz schriftlich und *asap* darzulegen, was unsere Kita ihrem Sohn zu bieten hätte.

»Wie jetzt – WIR sollen uns um diesen kleinen Scheißer BEWERBEN? Wo lebt die denn?«, wiehert Petra und hält sich den Bauch.

Ich schenke inzwischen noch ein paar Schnäpse aus, um die gute Stimmung weiter zu befeuern. Dann finden wir eine sympathische Regenbogenfamilie: Der kleine Lars lebt mit seiner Mama und deren Freundin zusammen, der Papa und sein Freund wohnen im selben Haus ein Stockwerk höher.

»Vier Eltern zum Preis von einem Kind – großartig!«, frohlockt Therese-Mama. Vier Eltern auf einen Schlag, die für Elterndienste eingespannt werden können, die Putz- und Kochdienste übernehmen und beim Renovieren helfen können. Wir schwelgen kurz in der Vorstellung, in Zukunft nur noch Plätze an Kinder zu vergeben, die automatisch vier potentielle Arbeitskräfte in die Kita mit einbringen. Das würde dann aber die Elternabende endgültig sprengen. Vielleicht also doch keine so gute Idee?

Am Ende haben wir zwölf Kinder und deren Eltern auf unserem Recall-Stapel liegen. Die sollen nächsten Samstag in der Kita antanzen und sich noch einmal persönlich vorstellen. Sollen sich von ihrer besten Seite zeigen und uns das Blaue vom Himmel versprechen, bevor wir uns endgültig entscheiden.

Am nächsten Abend ruft mich meine Freundin Alexa an. Na ja, was heißt Freundin. Sie war jedenfalls mal die Freundin von Benni-Papa. Vor mir. Und sie wäre es wohl auch gern weiterhin geblieben. Dass daraus nichts wurde und sie heute nur noch seine Ex ist, ist eindeutig meine Schuld. Und Ex-Alexa zahlt es mir heim, indem sie den nie wirklich ehrlich gemeinten Spruch »Lass uns Freunde bleiben!« allzu wörtlich nimmt.

Ex-Alexa hat vor einem Jahr auch ein Kind bekommen, von einem australischen Künstler, der sich ziemlich schnell aus dem Staub gemacht hat. Seitdem nimmt sie die Sache mit unserer »guten Freundschaft« wieder besonders ernst. Wenn Benni-Papa schon nicht der Vater ihres Kindes sein konnte, dann soll er wenigstens eine Art väterlicher Freund sein. Vor allem soll er sich auch weiterhin um Ex-Alexa kümmern, rein freundschaftlich natürlich.

Und ich? Ich soll bis ans Ende meiner Tage daran erinnert werden, dass Ex-Alexa bei mir was gut hat. Schließlich habe ich ihr den Mann ausgespannt.

»Du, sag mal, ihr seid doch so zufrieden mit eurem Kindergarten, stimmt's?«, flötet Ex-Alexa nun also ins Telefon. »Ich hab mich jetzt mal auf die Suche gemacht für Tom, aber es ist ja fast UNMÖGLICH, einen Platz zu finden.«

»Du bist spät dran mit deiner Suche!«, erwidere ich kühl. »Du hättest eigentlich schon in der Schwangerschaft anfangen müssen, jetzt, nur drei Monate im Voraus, hast du natürlich kaum Chancen.«

»Ja, aber du weißt ja nicht, wie stressig das ist als Alleinerziehende. Ich komme ja zu nichts! Und dein Mann hat erzählt, du wählst gerade neue Kinder für euren Kindergarten aus, und da dachte ich …«

Panik steigt in mir auf. Es stimmt, ich schulde Ex-Alexa was, aber gleich einen Kindergartenplatz?

»Du, ich entscheide das ja gar nicht allein, und wir haben eigentlich schon mehr als genug Bewerber und …«, stammle ich.

Aber Ex-Alexa ist vorbereitet: »Dein Mann hat mir erzählt, dass ihr nächsten Samstag einen Vorstellungstag für Eltern in der Kita habt. Da komme ich einfach vorbei und stelle mich gleich persönlich vor.«

Ich lege auf. Jetzt fließt Blut. Wo ist Benni-Papa?

Ich finde meinen Mann entspannt auf dem Sofa liegend die Sportschau gucken. Ich versuche, mich zu beruhigen und möglichst nicht zu schreien. Klappt aber nicht.

Ich schreie: »BIST! DU! BESCHEUERT?«

Benni-Papa zuckt zusammen und schaut verständnislos. »Weil ich Dortmund gegen Wolfsburg gucke?«, fragt er.

»Nein!«, keife ich. »Weil du einfach Ex-Alexa einen Platz in unserer Kita anbietest. Und ihr von dem Vorstellungssamstag erzählst. Und alles, ohne mich zu fragen!«

»Ach, komm schon«, sagt Benni-Papa und schaut mich mit großen Bambi-Augen an. »Du weißt doch, wie schwer das alles ist für Alexa. Sie hat doch niemanden!«

»Na, offensichtlich hat sie ja DICH«, maule ich. »Und DU musst ja dann nicht jeden Tag Ex-Alexa in der Kita-Garderobe treffen. Oder mit ihr auf dem Spielplatz rumstehen oder mit ihr zusammen Küchendienst schieben. Weil das nämlich IMMER ICH mache. Damit DU Vollzeit arbeiten gehen kannst.«

»Komm Schatz, bitte reg dich ab. Lass Alexa doch zu dem Vorstellungstreffen kommen. Danach lehnt ihr sie ab, und du schiebst die Schuld einfach auf Petra und Therese-Mama«, sagt Benni-Papa.

Es ist Samstag, der große Recall-Tag bei den Wilden Schlümpfen. Zwei Dutzend nervöse und aufgekratzte

Eltern und ihre süß zurechtgemachten Babys sitzen um den großen Maltisch. Allen steht die Verzweiflung ins Gesicht geschrieben, aber eben auch die Hoffnung, beim Kita-Platz-Lotto doch noch das große Los zu ziehen. Jetzt bloß nichts versauen!, sagen ihre Blicke, und ich registriere befriedigt, wie viele Gedanken sich unsere Bewerber vor diesem Treffen gemacht haben. Die Männer sind alle lässig und leger gekleidet, ziehen sich auffallend oft ihre Babys auf den Schoß. Seht her, ich bin ein zupackender moderner Vater!, soll das heißen. Und die Frauen haben sich möglichst unauffällig gekleidet, im praktischen Mutti-Look. Soll heißen: Ich bin mir nicht zu schade, hier auch die Klos zu putzen, ich halte mich auch nicht für attraktiver als ihr und ich würde niemals auf die Idee kommen, eure Männer anzugraben.

Und als endlich alle sitzen und es losgehen soll, fliegt die Tür auf: Auftritt Ex-Alexa. Im roten Minikleid zu schwarzen Stiefeln, den kleinen Tom auf dem Arm. Stürzt auf mich zu, knutscht mich demonstrativ rechts und links ab und sagt laut genug, damit es wirklich jeder hören kann:

»So schön, dich zu sehen, Süße!« Und dann an die Runde gerichtet: »Sorry, dass ich zu spät bin, aber wenn man für alles allein zuständig ist, fliegt die Zeit.«

Dann drapiert sich Ex-Alexa mit dem kleinen Tom in der ersten Reihe und lauscht der kurzen Begrüßung durch Erzieherin Petra, die in knappen Worten unser pädagogisches Konzept präsentiert (... Kinder da abholen, wo sie stehen ... situativer Ansatz ... kein Montessori- oder Waldorf-Schnickschnack ...). Dann übernimmt Therese-Mama mit einem kurzen Vortrag über den Gründungsmythos der Wilden Schlümpfe, der ja eng mit dem Zerbrechen ihrer Ehe zusammenhängt. Und dann endlich bin ich dran. Ich soll die hoffnungsvollen Bewerber auf die Härten der Elterninitiative hinweisen, so dass niemand hinterher sagen kann, wir hätten ihn nicht gewarnt. Und ich gebe mein Bestes, um unsere Kita wie eine Sklavengaleere erscheinen zu lassen, auf der Mütter und Väter, angetrieben durch Bio-Bärbels Peitschenhiebe, ihre Kinder durch die stürmische See frühkindlicher Bildung zu schippern haben.

Also Freunde: Zeitliche Flexibilität ist absolut notwendig, es gibt Putz- und Kochdienst, Elterndienst bei krankheits- oder urlaubsbedingtem Ausfall der Erzieherinnen, regelmäßige Pflicht-Elternabende, langatmige basisdemokratische Entscheidungsprozesse, Renovierungstage, Wandertage, dazu die Vorbereitung von Weihnachtsfeiern, Laternenumzügen, Frühlings- / Sommer- / Herbst-Festen, Advents- und Osterbastelnachmittage, und wenn wieder irgendwo in der Dritten Welt eine Naturkatastrophe passiert, veranstalten wir einen großen Kuchenbasar, um für die Notleidenden zu sammeln.

»Ihr seht: Elternengagement ist bei uns Ehrensache«, höre ich mich sagen, was so ziemlich das Dümmste ist, was ich in den letzten zwei Wochen von mir gegeben habe.

Während meines Vortrages starren die potentiellen Neuväter etwas leer durch die Gegend und notieren sich vermutlich gerade »Renovierungstag« in ihrer inneren Agenda, während die potentiellen Neu-Mütter versuchen, ihre Panik zu unterdrücken und sich schon mal auszumalen, wie sie das alles unter einen Hut bringen sollen mit den Kindern und dem Job und dem Job im Kindergarten.

Nur Ex-Alexa schaut siegesgewiss, dabei wollte ich in allererster Linie ihr vor Augen führen, wie hoffnungslos unqualifiziert sie als Mitglied unserer Elterninitiative wäre. Ex-Alexa hat nämlich weder Zeit noch Geld und damit überhaupt keine Möglichkeit, sich neben ihrem Job als Zahnarzthelferin groß irgendwo zu engagieren. Und überhaupt: Zahnarzthelferin? Bringt uns gar nichts!

Beim anschließenden Rundgang durch die Kita-Räume verliere ich Ex-Alexa aus den Augen. Dafür quatschen zwei Dutzend andere Eltern auf mich ein und versuchen, sich interessant zu machen. Der Kfz-Mechaniker lobt großzügig die Konstruktion unserer Kletterburg und bringt die Möglichkeit einer kleinen »Schrauber-Werkstatt« für die älteren Jungs ins Spiel, an der sicherlich auch einige andere Väter Freude hätten. Und natürlich könnte er in seiner Werkstatt großzügige Rabatte einräumen und bei schwierigen Fällen seine guten Kontakte zum TÜV spielen lassen. Seine Frau lobt derweil devot und beflissen meinen Vortrag und bringt sich als Steuerfachangestellte schon mal gleich für die Personalbuchhaltung in Stellung.

Die Regenbogenfamilie steht einträchtig beisammen und lobt das Farbkonzept der Räume, die beiden Väter sind nämlich Innenarchitekten, während die beiden Mütter einen Cateringservice betreiben und gleich anbieten, sich quasi im Alleingang um Büfetts aller Art zu kümmern. Sehr sympathisch.

Ein nervöser Vater nimmt mich beiseite und flüstert mir zu, dass er bereit sei, alles zu tun, um einen Kita-Platz für seinen Sohn zu bekommen, koste es, was es wolle. Denn er fürchte, seine Frau demnächst in die Geschlossene einweisen lassen zu müssen, wenn die nicht möglichst bald wieder in den Beruf einsteigen könnte. »Sie hält es zu Hause nicht mehr aus, und ich kann nicht reduzieren, ohne einen ERHEBLICHEN Karriereknick zu riskieren, Sie verstehen?«

Ja, ich verstehe, denn gleichzeitig sehe ich den fast zweijährigen Sohn des ebenso besorgten wie beschäftigten Gatten unser gottlob gut verschraubtes Bücherregal erklimmen, von wo aus er fröhlich Bilderbücher nach seiner Mutter wirft, die mit zunehmender Verzweiflung und viel »Hasilein, nun komm bitte runter!« versucht, ihr Kind wieder vom Regal zu pflücken.

Aber wo zum Henker steckt Ex-Alexa? Ich finde sie beim fröhlichen Gespräch mit Therese-Mama und Erzieherin Petra. Man ist sich offensichtlich sehr sympathisch. Therese-Mama und Ex-Alexa gleichen ihre Erfahrungen als alleinerziehende Mütter und die schlimmsten Untaten ihrer Kindsväter ab. Petra und Ex-Alexa stellen fest, dass sie aus demselben Kaff stammen und tauschen Namen möglicher gemeinsamer Bekannter und Anekdoten über legendäre Schützenfeste und Grillhüttenpartys aus. Ich will gerade dazwischengehen, da zupft mich schon wieder eine verzweifelte Mutter am Ärmel, um mir zu erzählen, wie sie unseren Kinderladen findet (»Ganz, ganz großartig!«), und was sie alles bereit wäre zu tun, wenn wir einen Platz für sie hätten (»Alles!«), und mit welchen handwerklichen Fähigkeiten der Kindsvater gesegnet ist und wie er sie schon beim heimischen Hochbettbau unter Beweis gestellt hat.

Langsam müssen wir die Sache hier beenden, denke ich, freiwillig werden diese Eltern ja nie gehen. Drücken sich, solange es geht, hier rum, denn wer länger bleibt, bleibt auch länger im Gedächtnis. Nur Ex-Alexa kennt diese Regel offenbar nicht und verabschiedet sich, ohne die Kita-Räume näher betrachtet zu haben, mit Gewinnerlächeln und einem lauten »Tschüs Süße, wir telefonieren?« in meine Richtung.

Nachdem wir das Heer der Verzweifelten endlich vor die Tür bugsiert und noch mal eindringlich ermahnt haben, NICHT anzurufen, um sich nach dem Stand der Entscheidungsfindung zu erkundigen, kocht Erzieherin Petra eine Kanne Früchtetee, und wir setzen uns zum finalen Gericht an den großen Maltisch. Die kleine Carolina, Tochter des netten Autoschraubers und der Steuertrulla, bekommt einen Platz. »Hasilein«, der Sohn der psychisch angeschlagenen Mutter und des furchtbar wichtigen Vaters, bekommt keinen. Und dann könnten wir den zweiten freien Platz doch der netten Regenbogenfamilie …

»Nee, das geht nicht, den zweiten Platz bekommt ja deine Freundin Alexa. Hättest uns vorher aber ruhig Bescheid sagen können, dass du die noch eingeladen hast«, sagt Therese-Mama.

»Ich habe Alexa nicht eingeladen!«, rufe ich panisch. »Und wir dürfen ihr AUF GAR KEINEN FALL einen Platz geben!«

»Warum denn? Ich dachte, ihr seid gute alte Freunde. Und sie ist alleinerziehend, solche Leute muss man doch unterstützen«, sagt Therese-Mama.

»Und wir haben ihr jetzt auch schon zugesagt. Wir dachten, du freust dich«, sagt Petra.

»Zugesagt? Seid ihr WAHNSINNIG???«, schreie ich. »Die Frau ist nicht meine Freundin. Sie ist Benni-Papas Exfreundin. Und sie ist als Kita-Mutter ein Totalausfall! Alexa ernährt sich und ihr Kind von Toast und Thunfisch, kann überhaupt nicht kochen, ist zeitlich total unflexibel, hat einen völlig unbrauchbaren Job und keinen Mann!«

»Das ist ja nun keine Schande!«, sagt Therese-Mama kühl. »Außerdem hat sie uns erzählt, dass dein Mann für ihren Sohn fast wie ein Vater ist und sicher gern am Renovierungstag für zwei arbeitet.«

Ich bekomme Schnappatmung und verspüre große Lust, mit meiner Früchteteetasse zu werfen. »Das hätte sie wohl gern!«, schnaube ich.

»Ach komm, beruhig dich!«, sagt Petra. »Die Frau macht nicht den Eindruck, als hättest du Grund, eifersüchtig zu sein. Ich fand sie wirklich sehr nett. Und wir können ihr ja nun schlecht wieder absagen.«

»Warum denn nicht? Und was ist mit der netten Regenbogenfamilie? Vier Eltern zum Preis von einem Kind – erinnert ihr euch? Die waren doch total sympathisch!«, wimmere ich. Wozu zum Teufel habe ich mich denn jetzt freiwillig der Taskforce Neuaufnahmen angeschlossen, wenn ich nicht mal verhindern kann, dass mein schlimmster Albtraum Realität wird? Wo ist es hin, das Hochgefühl, endlich auf der dunklen Seite der Macht zu stehen und nach völlig subjektiven Kriterien Kita-Plätze verteilen zu dürfen?

»Ich werde einer alleinerziehenden Mutter keinen fest zugesagten Platz wieder wegnehmen, nur weil du deine Eifersucht nicht im Griff hast«, sagt Therese-Mama bestimmt.

Und Petra bestätigt auch noch mal, dass sie Alexa als »erfrischend unkompliziert« empfunden habe, und das sei doch mal was neben all den überengagierten, hysterischen Supermuttis, mit denen sie hier sonst fertig werden muss.

Ich koche. Um mich zu besänftigen, bieten mir die beiden an, dass ich bei dem anderen glücklichen Elternpaar anrufen dürfe, um die gute Nachricht zu verkünden.

»Das wird toll, sie werden all ihre kommenden Kinder nach dir benennen wollen!«, versucht mich Petra aufzumuntern.

»Ich hasse euch!«, knurre ich zurück, trinke meinen Früchtetee aus und mache mich auf den Heimweg. Zu Benni-Papa. Der nun also ganz offiziell auch ein bisschen Tom-Papa spielen soll.

Beim nächsten Renovierungstag werde ich ihn frühzeitig für alle erdenklichen Elektroarbeiten einteilen.

Das große Krabbeln

Von Läuseplagen und der wundersamen Kraft von Mayonnaise

Heute ist bei den Wilden Schlümpfen mal wieder die Welt untergegangen – und Theo war schuld. Den ganzen Tag habe der Junge sich am Kopf gekratzt, berichtet Erzieherin Annabelle, bis sie sich ein Herz gefasst, und den wohlgescheitelten Knaben mal genauer unter die Lupe genommen habe. Und da krabbelte es auf Theos Kopf wie in einem usbekischen Straßenhundeliebesnest.

Läuse! In der Kita! Bringt die Atomraketen in Stellung. Es herrscht Krieg!

Annabelle hat dann Theo-Mama im Büro angerufen, aber die Sekretärin wollte sie erst auf gar keinen Fall aus dem wichtigen Meeting ans Telefon holen, woraufhin Annabelle der Dame befahl, doch bitte auf der Stelle in den Konferenzraum zu marschieren und der Chefin bitte auszurichten, ihr Sohn habe LÄUSE und sie möge ihn aus der Kita abholen. Und zwar SOFORT!

Das hat die Sekretärin dann offenbar auch genau so getan, denn eine halbe Stunde später steht eine für ihre Verhältnisse ziemlich aufgelöste Theo-Mama in der Kita, die Annabelle in der Kita-Garderobe erst mal einen saftigen Einlauf verpasst.

»Eine Unverschämtheit, mich mit so einer Nachricht aus einem wichtigen Meeting zu holen. Vor allen Kolle-

gen!«, zischt sie. »Und wo hat mein Junge sich das überhaupt geholt? Ich hatte ihn extra gebeten, sich von Harkan fernzuhalten.«

»Also, bislang haben wir nur bei Theo Läuse entdeckt,
aber das wird sich sicher noch ändern«, sagt Annabelle.

»Ja, aber wo soll sich Theo die Viecher denn sonst ein-
gefangen haben, wenn nicht hier? Ja wohl kaum bei uns
zu Hause!«

Annabelle zuckt nur resigniert mit den Schultern und
schiebt Theo und Theo-Mama aus der Tür. Und uns, den
vor Schreck erstarrten Rest in der Kita-Garderobe, ermahnt
sie, den Kindern jetzt einfach schnell Jacken und Mützen
anzuziehen, sie nach Hause zu bringen, dort die Köpfe auf
Nissen zu untersuchen und ansonsten Ruhe zu bewahren.

Ruhe bewahren. Leichter gesagt, als getan. Kaum habe
ich mit Ben die Kita verlassen, fängt mein Kopf an zu jucken. Neben mir läuft Emma-Mama, die immer nur »Bitte
nicht, o bitte, bitte nicht!« vor sich hin murmelt und sich
ebenfalls am Kopf kratzt.

»Bestimmt alles nur Einbildung!«, sage ich zu ihr, doch
die sieht mich nur gequält an und sagt:

»Glaub mir, ich kenne das schon. Heute war es nur
Theo, aber spätestens in zwei, drei Tagen ist die halbe
Kita befallen.«

Zu Hause schnappe ich mir Ben und wurschtel in seinen blonden Locken herum. Ich kann keine Läuse entdecken, aber mein Kopf juckt wie Hölle. Ich rufe Benni-Papa
an und beordere ihn zur sofortigen Gattinnenentlausung
nach Hause. Unterdessen gehen die ersten Rundmails
von den anderen Kita-Eltern ein: Lausbefall auch bei Pia.
Und bei Ole. Und bei Finn.

Am Abend unterzieht mich Benni-Papa einer genauen Haarinspektion und behauptet steif und fest, er könne keine einzige Laus entdecken.

Aber es juckt doch so! Die ganze Zeit!

Am nächsten Morgen bringe ich Ben in die Kita und treffe Theo-Mama in der Garderobe. Sie hat mit Theos Mitbewohnern einfach kurzen Prozess gemacht, den Langhaarschneider ihres Mannes angeworfen und Theo einen Drei-Millimeter-Schnitt verpasst.

»Für den ganzen Läuseshampoo-Firlefanz habe ich keine Zeit. Das Zeug muss 18 Stunden einwirken! Da verpasse ich ja meinen Flug nach Heathrow!«

Krümel-Mama läuft mit untertassengroßen Stressflecken auf Gesicht und Hals durch die Kita-Räume und sammelt Kissen und Kuscheldecken ein. »Das muss alles ausgekocht und desinfiziert werden. Alles!«, wimmert sie. »Läuse können ganz furchtbare Krankheiten übertragen. Ich sage nur: Fleckfieber!«

»Also, wenn die ersten Anzeichen für Fleckfieber rote Placken sind, könntest du schon befallen sein, meine Liebe«, sagt iDad, dessen Tochter Java sich beim Hausschuheanziehen verdächtig oft am Kopf kratzt.

Über Tag trudeln weitere Wasserstandsmeldungen auf unserem E-Mail-Verteiler ein. Lausbefall jetzt auch bei Java, Luzi und Emma. Die Einschläge kommen näher. Und mein Kopf juckt so schlimm, dass auch ich kurz über eine Radikalrasur nachdenke.

Krümel-Mama hat schon mal angekündigt, zwei Wochen Urlaub zu nehmen, um ihren armen kleinen Schatz zu Hause in Quarantäne stecken zu können. Denn eins ist klar: Wenn Krümel nicht an durch Kopfläuse übertrage-

nem Fleckfieber stirbt, dann spätestens durch eine Läu-
seshampoo-Vergiftung.

Am Abend dann passiert es: Ich sehe ein kleines,
streichholzkopfgroßes, durchsichtiges Vieh auf Bens
Kopf herumkrabbeln. Ich rufe Benni-Papa an, belle »Not-
apotheke! Läuseshampoo! Zackzack!« ins Telefon, verschiebe meine Termine des nächsten Tages und scanne
panisch die Wohnung: Unsere Decken und Kissen, Bens
Mützen und Schals, am besten auch der Sofabezug und
die benutzen Handtücher im Bad – alles muss in die Wäsche. Bens Kuscheltiere stecke ich in einen Müllsack und
verbanne sie auf den Balkon – in frühestens zwei Wochen
dürfen sie wieder bei uns einziehen, dann müsste auch
die letzte Laus verhungert sein.

Ben protestiert lautstark gegen die Zwangsverschi-
ckung seiner Kuschelfreunde, und ich denke: Warte nur,
bis Papa mit dem Läuseshampoo nach Hause kommt,
mein Schatz, dann hast du Grund zum Schreien! Ben
hasst kaum etwas so sehr wie Haare waschen. Und ich
vermute, dass Läuseshampoo nicht mit Erdbeeraroma
und »Keine-Tränen-Garantie« vertrieben wird.

Endlich kommt Benni-Papa mit dem Entlausungsset:
ein Nissenkamm und eine Packung Läuseshampoo, dessen beißend chemischer Geruch mich noch mal kurz zö-
gern lässt, ob wir Bens blonde Locken nicht einfach auch
auf drei Millimeter … nein, nein, nein, ich kann nicht mal
drüber nachdenken.

Benni-Papa inspiziert den gigantischen Wäschehaufen, den ich im Wohnzimmer aufgetürmt habe, und sagt
vorsichtig: »Du, ich habe ein bisschen gegoogelt, und
man MUSS nicht alles waschen, nur weil das Kind Läuse

hat. Die Viecher überleben jenseits des menschlichen Kopfes keine vier Stunden. Es hätte total gereicht, Bens Kopfkissen und vielleicht seine Mütze …«

»Pah, du glaubst aber auch alles, was du im Internet liest«, sage ich mit der Entschlossenheit eines Vier-Sterne-Generals auf dem Weg in die Schlacht. »Diese Viecher sind doch längst gegen alles Mögliche resistent, die würden ja sogar einen Atomkrieg überstehen, die legen mit Sicherheit mehrfach mutierte Monstereier, die jahrelang im Permafrost überleben könnten!«

Oh, wie mir der Kopf juckt!

Ich beschließe, dass nicht nur Ben, sondern auch sein Vater und ich das Anti-Laus-Komplettprogramm durchlaufen werden, nur um auf der sicheren Seite zu sein. Benni-Papa sieht ein, dass Widerstand zwecklos ist, und lässt sich brav den Kopf mit Läuseshampoo einschmieren. Ben wird mit Tröstegummibärchen bestochen, und schließlich haben wir alle drei die stinkende Pampe auf dem Kopf. Das Zeug muss über Nacht einwirken. Und da Ben mit nassem Kopf und ohne seine Kuscheltiere natürlich nicht in seinem Zimmer schlafen mag, zieht er zu uns ins Ehebett.

»Das sagt einem keiner, bevor man ein Kind bekommt!«, seufzt Benni-Papa, als wir schließlich alle drei, leicht benebelt von chemischen Dämpfen, mit klebrigen Köpfen im Bett liegen.

Am nächsten Morgen ziehe ich unser stinkendes Bett ab und werfe die Bezüge auf den gigantischen Wäschehaufen im Wohnzimmer, um den ich mich heute auch noch kümmern muss (immer ich!). Dann wird die Läusepampe ausgewaschen. Ben ist not amused, als ihm das

Zeug in Augen und Ohren läuft, aber Schädlingsbekämpfung ist nun mal keine Babymassage. Und was soll ich sagen: Ein Zweijähriger und ein Nissenkamm können keine Freunde sein! Nicht mal dann, wenn man eine halbe Stunde lang »Pettersson und Findus« gucken darf, während einem Muttern die Läuse und Läuseeier aus den Locken kämmt.

»In acht Tagen müssen wir das alles übrigens noch mal machen. Falls doch noch ein Läuseei überlebt hat«, sage ich.

»Ich glaub, ich zieh aus«, murmelt Benni-Papa. »Machen die anderen in der Kita den Scheiß hier eigentlich auch?«

Gute Frage. Sehr gute Frage! Denn klar ist ja: Wenn nicht alle am selben Strang ziehen, werden wir die Läuse nicht los. Dann dauert es keine zehn Tage, und es krabbelt und juckt wieder auf allen Köpfen.

Am Tag nach der Entlausungsquarantäne schlage ich mit Ben also wieder in der Kita auf und höre mich bei den anderen Eltern um, wie es denn so gelaufen ist mit der Parasitenplage.

»Sei froh, dass du kein Mädchen hast«, stöhnt iDad. »Durch Javas lange Haare mit dem Nissenkamm: ein Albtraum!«

»Gibt's da nicht 'ne App für?«, stichelt Emma-Mama.

Und Luzi-Papa sagt, dass er sich auch selbst vorsorglich mitbehandelt hat, weil er ja niemanden hat, der mal auf seinem Kopf richtig hätte nachsehen können, ob er vielleicht auch befallen sei.

»Ach, hättest du doch Bescheid gesagt ...!«, tönt es bedauernd aus drei Mütterkehlen. Das hätten Bio-Bärbel, Emma-Mama und Pia-Mama natürlich jederzeit wirklich sehr gern gemacht, dem armen, einsamen Luzi-Papa mal ein bisschen am Kopf herumfummeln ...

Während ich Bens Windelfach mit neuen Windeln auffülle, lasse ich mich noch ein bisschen darüber aus, wie grässlich doch dieses Läuseshampoo riecht. Da unterbricht Bio-Bärbel meinen Sermon und sieht mich mit schreckgeweitetem Blick an: »Du hast dem armen kleinen Kerl diese Chemiewaffe auf den Kopf geschüttet?«

»Äh, ja, du etwa nicht?«, frage ich zurück, und alle Blicke in der Garderobe wandern sofort auf Oles Kopf.

»NATÜRLICH nicht! Ich bin doch nicht wahnsinnig! Wisst ihr, wie krebserregend dieses Zeug ist? Das ist doch der reinste Giftcocktail!«

»Na logo, das Zeug soll ja auch Läuse töten. Geht halt nicht ohne Gift!«, sagt iDad.

Aber das sieht Bio-Bärbel natürlich anders. Man könne sich doch ganz wunderbar auch mit alten Hausmitteln behelfen, und sie halte gar nichts davon, wegen jedem kleinen Problem sofort der Pharmaindustrie Geld in den Rachen zu werfen.

»Okay, aber wie genau hast du Ole denn behandelt? Du HAST ihn doch behandelt, oder?«, fragt Pia-Mama, Stimmlage im rötlichen Alarmbereich.

»Ja, natürlich hab ich das. Mit Mayonnaise. Altes Hausrezept. Tötet die Läuse ganz natürlich, schon seit Jahrhunderten«, sagt Bio-Bärbel.

»Mayonnaise?«, frage ich fassungslos. »Da hättest du die lieben Tierchen auch einfach ganz freundlich bitten können, von Oles Kopf herunterzukrabbeln und sich doch bitte einen anderen Platz zum Eierlegen zu suchen!«

Ich stammle noch was von Resistenzen und Atomkrieg überleben, aber das geht im allgemeinen Tumult unter. Der Mob tobt! Alle sind empört über Bio-Bärbels mangelnden Gemeinsinn, weil ja nun wirklich alle anderen betroffenen Eltern ihren Kindern den Chemiekram auf den Kopf gegossen haben. Theo-Mama hat noch nicht mal davor zurückgeschreckt, ihr Kind zu entstellen, um die Plage einzudämmen. Und all das könnte umsonst gewesen sein, nur weil Bio-Bärbel glaubt, Kopfläuse ließen sich mit Salatdressing beeindrucken!

»Wo haste das Rezept denn gefunden? Im Fair-Trade-Kaffeesatz gelesen? Oder hast du in deine Kristallkugel geguckt?«, fragt Luzi-Papa. Und Emma-Mama verlangt, dass Bio-Bärbel mit Ole jetzt gefälligst SOFORT in Richtung Apotheke marschieren soll, um ein handelsübliches Läuseshampoo zu erstehen und Ole damit zu behandeln. Sonst …

»Sonst was?«, fragt Bio-Bärbel kampfeslustig. »Ihr glaubt doch nicht im Ernst, ihr könnt mich zwingen, mein Kind zu vergiften? Schon meine Urgroßmutter, meine Großmutter und meine Mutter haben Kopfläuse mit Mayonnaise behandelt. Die Wirkung ist eindeutig erwiesen!«

»Das beweist gar nichts, außer dass es in deiner Familie ganz offenbar schon seit Generationen ein Läuseproblem gibt«, sagt Harkan-Mama. Und Emma-Mama sagt, dass sie zur Not einen außerordentlichen Elternabend einberufen und eine Änderung der Vereinssatzung durchsetzen werde, in der die Anwendung eines Läuseshampoos bei Kopflausbefall zur Pflicht erklärt wird.

»Das ist doch menschenverachtend!«, schnauft Bio-Bärbel.

Unser Lärm lockt Annabelle und Petra aus dem Toberaum in die Kita-Garderobe. Sofort gehen sie dazwischen und mahnen zur Ruhe.

»Jetzt mäßigt euch bitte mal ein bisschen vor den Kindern. Das Thema kann traumatisch für die Kleinen sein. Und ich will nicht, dass hier jemand wegen ein paar Kopfläusen stigmatisiert wird!«, sagt Annabelle.

»Die Kollegin hat recht, haltet endlich die Klappe«, sagt Petra. »Und Ole kann gern in die Kita kommen, meinetwegen auch mit Mayonnaise auf dem Kopf. Aber vorher marschierst du mit ihm zum Kinderarzt und bringst uns ein Attest, dass dein Kind auch wirklich läuse- und nissenfrei ist. Denk doch nur mal an Krümel. Der arme Kerl ist zu Hause wahrscheinlich schon seit Tagen im Keller eingesperrt, weil seine Mutter solche Angst hat vor den Viechern!«

Bio-Bärbel zetert noch ein bisschen, packt aber dann Ole wieder in seine Jacke und zieht mit ihm davon.

Petra schaut ihr kopfschüttelnd nach und murmelt: »Vielleicht sollte ich ihm ein Care-Paket mit Leberwurstbroten schicken.«

Flurfunk fatal

Krebs, Liebe, Vaterschaften – und unsere Geheimwaffe gegen falsche Gerüchte

Es dürfte hier ja schon aufgefallen sein: Wir Eltern bei den Wilden Schlümpfen streiten viel und gern. Und wenn es nichts zu streiten gibt, tauschen wir die neuesten Gerüchte aus – was in der Regel zu neuem Streit führt. Ein wunderbarer, ewiger Kreislauf!

Unfreiwilliger Urheber eines Gerüchts ist meistens eines der Kinder.

»Also, Ole war ja neulich bei uns, und da hab ich mal gefragt, wie es denn seinem Papa geht, und da war er so merkwürdig kurz angebunden«, sagt Leon-Mama nachmittags beim Plausch am Rande des Sandkastens.

»Ich habe ihn neulich mal gesehen, und er sah wirklich schlecht aus. Ganz blass. So wie meine Tante, als die an Leukämie erkrankt war«, sagt Krümel-Mama.

»Der arme Mann, Bio-Bärbel wird wahrscheinlich versuchen, ihn mit Kräutersud und Bioresonanztherapie zu retten, dabei braucht er doch dringend eine Chemotherapie«, sagt Thore-Mama.

»Die Erzieherinnen sollten das Thema Krebs unbedingt pädagogisch mit den Kindern aufarbeiten, da würde ja sicher nicht nur Ole von profitieren. Vielleicht in einer Themenwoche?«, phantasiert Sheila-Mama. »Und wenn Ole-Papa sich einigermaßen okay fühlt, könnte er ja mal in der Kita vorbeikommen und den Kindern was über seine Krankheit erzählen. Das nimmt ihnen vielleicht die Berührungsängste.«

»Was, Bio-Bärbels Mann hat Krebs? Das ist ja furchtbar!«, ruft Erzieherin Annabelle, die gerade erst zu unserem Tratschzirkel dazugestoßen ist.

Nach Dienstschluss marschiert Annabelle dann schnurstracks zum städtischen Gesundheitsamt, um sich dort mit Broschüren zum Thema »Pädagogische Begleitung von Kindern Krebskranker« zu versorgen. Und trifft auf dem Rückweg eine fröhliche Bio-Bärbel, die gar nicht den Eindruck macht, als stünde ihr eine frühe Verwitwung bevor.

»Stellt euch vor, ich hab gestern Annabelle in der Stadt getroffen, und sie hat mich ganz fest umarmt und gesagt, wie leid ihr das tut, dass mein Mann so krank ist«, raunt Bio-Bärbel am nächsten Morgen in der Kitagarderobe. »Dabei ist der kerngesund. Hat gerade zwei Wochen Kohlsuppendiät hinter sich und sieht blendend aus. Ob Ole was von seinen schlimmen Blähungen in der Kita erzählt hat?«

Wir seufzen alle erleichtert auf, aber das bekommt Bio-Bärbel gar nicht mit, denn sie hat noch ein Ass im Ärmel:

»Und wisst ihr, wen unsere kleine Annabelle gestern noch im Schlepptau hatte?«, fragt sie verschwörerisch. »Luzi-Papa! Da frag ich mich doch: Was machen die beiden nach Feierabend zusammen in der Stadt?«

»Wahrscheinlich einen Erste-Hilfe-Kurs, stabile Seitenlage üben!«, sagt Therese-Mama mit bitterem Unterton.

»Meint ihr echt, da läuft was?«, fragt Pia-Mama.

»Ach, das wär doch schön«, sagt iDad. »Annabelle wäre sicher eine tolle Stiefmutter für Luzi!«

»Also, ich fände das schon problematisch«, meint Krü-mel-Mama. »Wer sagt denn, dass Annabelle dann noch neutral ist im Umgang mit den Kindern. Wird sie Luzi dann nicht bevorzugen?«

»Ach, Quatsch, ihr Mädels bevorzugt Luzi doch auch nicht, obwohl ihr alle scharf auf diesen Frauenversteher-kasper seid«, sagt Leon-Papa.

»Ich würde mich ja eher sorgen, ob Luzi nicht vernach-lässigt wird. Ich meine, wenn zwei ihrer engsten Bezugs-personen plötzlich so sehr miteinander beschäftigt sind, da bleibt doch für Luzi gar kein Raum mehr«, findet Pia-Mama.

»Das geht uns doch alles gar nichts an«, werfe ich ein. Aber Finn-Mama findet, dass es uns sehr wohl etwas an-geht, wenn Annabelle und Luzi-Papa was miteinander haben, weil eine solche Affäre den Betriebsfrieden hier bei den Wilden Schlümpfen gefährdet.

»Ich sag's ja immer: Don't fuck the company!«, sagt Theo-Mama. Und Leon-Papa findet, dass wir alle miss-günstige, untervögelte Tussen sind und doch nur neidisch, weil Luzi-Papa auf unsere von diversen Schwangerschaf-ten ausgemergelten Körper nicht mehr so ansprechen würde wie auf das junge, frische Fleisch von Erzieherin Annabelle.

»Von diversen Schwangerschaften ausgemergelte Kör-per? Na, das scheint dich ja bei Zwillings-Sandra auch nicht gestört zu haben«, sagt Therese-Mama.

Leon-Papa gockelt beleidigt davon, und ich frage: »Zwillings-Sandra? Wer ist das denn?«

»Kita-Mutter vor deiner Zeit, hat sich für ihre beiden Töchter dann eine neue Kita gesucht, nachdem ihre Af-

färe mit diesem schwanzgesteuerten Eierschaukler auf-
geflogen ist«, erklärt Therese-Mama.

»O, und was hat Leon-Mama dazu gesagt?«

»Ach, die ist doch selbst kein Kind von Traurigkeit. Ist
dir noch nie aufgefallen, dass Leon seinem Vater überhaupt nicht ähnlich sieht?«

Wow, denke ich. Unsere Kita, ein Sündenpfuhl. Wie auf-
regend! Es wird nicht nur gestritten, es wird auch fremd-
gegangen. Sogar miteinander.

»Ist dir schon mal aufgefallen, dass Leon seinem Vater
überhaupt nicht ähnlich sieht?«, frage ich Benni-Papa am
Abend auf dem Sofa.

»Nö, ist mir auch egal. Aber weißt du, was viel merkwürdiger ist?«

Noch merkwürdiger? Jetzt bin ich gespannt!

»Dass ich heute iDad in der Straßenbahn getroffen habe.
Und der sagt, er wusste gar nicht, dass Ben einen Halb-
bruder hat. Und wie cool er das findet, dass wir das mit der
Patchwork-Familie so gut hinkriegen und du so entspannt
mit der Sache umgehst und jetzt sogar meinem anderen
Sohn einen Platz in unserer Kita organisiert hast.«

Hä?, denke ich, doch da fällt es mir wie Schuppen von
den Augen: Ex-Alexa! Die Nachricht, dass die alleinerziehende Exfreundin meines Mannes sich einen Platz bei
uns ergaunert hat, hat sich natürlich längst rumgespro-
chen. Und von da ist es nur ein kleiner Weg durch die
dunklen Kanäle der stillen Post, um aus Tom einen Halbbruder von Ben zu machen.

»Ja, und was hast du iDad gesagt?«, frage ich.

»Na, nix. Wir haben gleich wieder das Thema gewechselt und über Fußball geredet«, sagt Benni-Papa und setzt schon mal vorsorglich den Bambi-Blick auf, weil er zu Recht vermutet, dass das nicht die Antwort ist, die ich hören wollte.

Also stiefele ich am nächsten Morgen mit pochender Halsschlagader in die Kita, lauere iDad in der Garderobe auf und kläre ihn über unsere Familienverhältnisse auf: Tom, der Sohn von Ex-Alexa, ist nicht der Sohn von Benni-Papa, auch wenn Ex-Alexa das vielleicht gern hätte. Tom und Ben sind folglich keine Brüder, wir haben keine Patchwork-Familie, und ich gehe mit »der Sache« auch nicht entspannt um.

»Und woher hast du die Geschichte eigentlich? Wer erzählt diesen Blödsinn?«, frage ich.

»Keine Ahnung, wer mir das erzählt hat, reg dich doch nicht so auf. Das versendet sich doch, und in zwei Tagen wird wieder eine andere Sau durchs Dorf getrieben. Hast du schon gehört, dass der Vater von Therese-Mama gestorben ist und sie vorher schon seit Jahren keinen Kontakt mehr zu ihm hatte?«

Mir doch wurscht. Von wegen, das versendet sich. Ich bin stinksauer. Und ratlos. Denn wie ein Gerücht aufhalten, wenn es erst mal in Umlauf ist? Ich kann ja schlecht eine E-Mail über den Verteiler jagen und dementieren. Wer dementiert, macht sich verdächtig.

»Schöne Scheiße, die ihr mir da eingebrockt habt«, heule ich mich bei Erzieherin Petra aus. »Ihr gebt dieser Kuh einen Kita-Platz, tratscht dann auch noch rum, dass sie die Ex von meinem Mann ist, und jetzt glauben alle, Ex-Alexas Sohn wäre Bens Halbbruder.«

»Also, ICH habe bestimmt nichts rumgetratscht«, sagt Petra leicht pikiert. »Und überhaupt, dieser Flurfunk ist wirklich anstrengend. Ständig heult sich einer von euch bei mir aus wegen irgendwelcher irren Gerüchte, die hier die Runde machen. Sprecht doch einfach mal offen miteinander.«

Vielleicht hat Petra, unser pragmatisches Urgestein, ja recht. Wir reden doch auch sonst offen über jeden Pipifax. Warum nicht einem dummen Gerücht offensiv entgegentreten? Den Rest des Tages grüble ich darüber nach, wie ich am elegantesten aus der Nummer rauskomme, ohne wie eine paranoide, eifersüchtige Furie dazustehen. Wäre ja auch eigentlich Benni-Papas Aufgabe, das alles richtigzustellen, schließlich wird ihm eine Vaterschaft angedichtet. Aber der findet das alles nur wahnsinnig amüsant und hat nicht die Absicht, sein neues Image als Frauenheld und Patchwork-Daddy aufs Spiel zu setzen. Und außerdem hat er sowieso keine Zeit, um sich um diesen Quatsch zu kümmern.

Wer sich dann kümmert, ist Erzieherin Petra. Und zwar umfassend.

Abends läuft eine Mail von ihr über den Kita-Verteiler.

Betreff: Richtigstellungen
Liebe Eltern,
als selbsternannte Beauftrage zur Gerüchtebekämpfung sende ich Euch hier die wichtigsten Dementis der letzten Tage:
1. Da läuft nichts zwischen Annabelle und Luzi-Papa. Die beiden sind nur »gute Freunde«. Das Kindeswohl ist nicht gefährdet, weder Luzis noch das Eurer Kinder.

2. *Der heiße, alleinerziehende Feger, der ab Sommer
sein Kind bei uns unterbringt, ist zwar die Exfreundin
von Benni-Papa, Benni-Papa ist aber nicht der Vater
ihres Sohnes Tom. Tom und Ben sind keine Halb-
geschwister, und Benni-Mama ist auch kein bisschen
eifersüchtig.*
3. *Bio-Bärbel verweigert ihrem Mann keine Chemotherapie, der ist nämlich kerngesund und nicht an
Leukämie erkrankt. Nur seine Dornwarzen machen
ihm zu schaffen, Bio-Bärbel sucht nach einem guten
Warzen-Besprecher. Hat irgendjemand einen Tipp?*
4. *Krümel-Papa ist nicht der leibliche Vater von Leon.
Leon-Papa kann jedem, der Interesse hat, die Ergeb-
nisse seines Vaterschaftstests zeigen. Seine Affäre mit
Zwillings-Sandra bereut er sehr, er und seine Frau
machen seitdem eine Paartherapie und alle drei
Monate ein gemeinsames Tantra-Wochenende.*
5. *Therese-Mama hatte sehr wohl Kontakt zu ihrem
kürzlich verstorbenen Vater. Sie hat ihn nämlich bis zu
seinem Tod gepflegt. Ja, ganz allein. Neben ihrem Job
und dem ganzen Kita-Organisationskram, den sie
auch noch nebenher macht. Sie ist sehr erleichtert,
dass der alte undankbare Sack endlich tot ist.*
So viel für heute.
Liebe Grüße, Petra

»Um Gottes willen, gebt Erzieherin Petra eine Gehalts-
erhöhung«, sagt Benni-Papa.

Stimmt, das sollten wir. Die Frau ist wirklich jeden Cent
wert. Jeden verdammten Cent!

Elternabend

Tagesordnung:
1. Vorstellung
2. Homepage
3. Essenskonzept
4. Sonstiges

Nach Annabelles Amoklauf beim letzten Elternabend habe ich heute vorsichtshalber keinen Wein mitgebracht. Dabei könnte ich selbst ganz gut einen Schluck gebrauchen, denn Pia ist vor zwei Wochen eingeschult worden, und dafür ist Ex-Alexa heute zum ersten Mal dabei. Und wer sitzt zu Hause und passt sowohl auf Ben als auch auf

Ex-Alexas Sohn Tom auf? Richtig: Mein Mann. Weil Ex-Alexa keinen Babysitter hat und sich eigentlich auch keinen leisten kann, so als Alleinerziehende. Und deshalb übernachtet Tom bei uns. Da kann sich die arme Ex-Alexa auch mal richtig ausschlafen. »Kann sein, dass ihr ihm so gegen drei Uhr nachts mal eine Flasche geben müsst. Aber ihr kennt das ja«, hat sie noch gesagt.

Da sitzt Ex-Alexa nun auf der anderen Seite des Maltisches und wirft mir ein Kusshändchen zu, während sie versucht, sich in ihrem schwarzen Minirock einigermaßen vorteilhaft auf dem kleinen Kinderstuhl zu platzieren.

Ich will sie töten.

Aber ich fürchte, dann haben wir ihren Sohn erst recht an der Backe, sie wird für diesen Fall testamentarisch vorgesorgt haben.

Therese-Mama fragt gar nicht erst, ob jemand anders das Protokoll schreiben würde, sondern fängt einfach schon mal an zu tippen. Weil Ex-Alexa noch nicht alle kennt, beginnen wir mit einer Vorstellungsrunde. Annabelle zaubert ein rotes Wollknäuel hervor, mit dem wir jetzt bitte alle ein großes »Beziehungsnetz« knüpfen sollen. Wir werfen also das Wollknäuel hin und her und erzählen, wessen Eltern wir sind:

»Ja, hallo, ich bin Alexa, die Mama von Tom«, sagt Ex-Alexa, und alle Augen richten sich auf mich. »Ich bin heute allein hier, weil Toms Vater ein Idiot ist und sich noch vor der Geburt aus dem Staub gemacht hat. Aber zum Glück habe ich liebe Freunde, die mich ganz toll unterstützen.« Wieder ein Kusshändchen in meine Richtung. Oh, dieser Würgereiz, der sich in meiner Kehle breitmacht! »Bens Papa ist auch für meinen Sohn wie ein Vater. Und ich bin ja so dankbar, dass ich hier sein kann. Es ist schwer, so allein …« Jetzt quetscht Ex-Alexa noch ein Tränchen, Luzi-Papa reicht ihr ganz betroffen ein Taschentuch und lässt dabei seinen roten Bindfaden los.

»Achtung, das Beziehungsnetz!«, ruft Annabelle, auffallend schrill. Und ich zische der unaufhörlich tippenden Therese-Mama zu, dass das alles wirklich nicht ins Protokoll muss.

»Dann schreib du es doch!«, zischt die zurück.

Bombenstimmung heute!

Zum Glück ist jetzt iDad dran, und der hat heute wirklich ein Highlight zu bieten: die Homepage. Sie ist fertig. War sie ja eigentlich schon letztes Mal, aber iDad hat noch schnell ein internes Diskussionsforum eingerichtet, damit nicht immer alles über den E-Mail-Verteiler laufen muss. Und bevor die Homepage jetzt endgültig ans Netz geht, will er sie uns doch wenigstens einmal zeigen. Er hat extra einen Beamer mitgebracht, um sein Werk an die Wand zu projizieren.

»Bitte sehr, da ist das Baby«, sagt iDad voller Vaterstolz.

Da ist sie also, die Homepage der Elterninitiativ-Kita Wilde Schlümpfe e. V. Wir sehen: Den Kopf von iDads Tochter Java – und zwar bildschirmfüllend. Rund um Javas Kopf sind bunte Buttons mit Aufschriften wie »Unsere Schlumpfhöhle«, »Unsere Oberschlümpfe« und »Kontakt« platziert. Jetzt fängt Java an zu sprechen: »Hallo, ich bin Java. Und das hier ist meine Kita. Komm, ich zeig sie dir!«

»Geil, was?«, fragt iDad siegessicher in die Runde. »Ich habe Java als interaktives Element eingebaut. So wird

170

alles viel persönlicher. Hier zum Beispiel stellt Java unsere Erzieherinnen vor.«

iDad klickt auf den Button »Unsere Oberschlümpfe«. Wir sehen wieder Javas Kopf und neben ihrem Kopf die Porträtfotos von Petra und Annabelle. Jetzt redet Bildschirm-Java wieder: »Das sind meine Erzieherinnen. Das hier oben ist Annabelle. Die ist voll nett und bastelt und singt viel mit uns, und man kann sich mit ihr auch ganz toll über Pferde unterhalten. Petra hier ist viel strenger als Annabelle, aber auch voll lieb. Sie kann immer noch Handstand, obwohl sie schon echt alt ist.«

Erzieherin Petra steht der Mund offen. iDad sieht irre zufrieden mit sich aus.

»Ich hab die Homepage extra mit möglichst wenig Text versehen, Java erklärt alles, was man wissen muss. So können auch Kinder, die noch nicht lesen können, sich über die Seite einen Eindruck machen.«

iDad schaut erwartungsvoll in die Runde, und wären wir im Klassik-Konzert, würde jetzt wohl ein wackerer Einklatscher das Signal zu tosendem Applaus geben. Aber es applaudiert keiner. Wir schauen alle etwas ratlos.

»Ja, vielen Dank für deine Mühe. Aber findest du das nicht ein bisschen sehr auf Java fokussiert? Ich meine, sie steht schon sehr im Vordergrund«, sagt Emma-Mama.

»Man könnte glauben, Java gehört der Laden. Ich finde es nicht gut, wenn ein Kind so prominent herausgestellt wird«, sagt Krümel-Mama.

»Ja, wenn, dann sollten alle Kinder zu sehen sein«, findet Sheila-Mama. »Man hätte die Kinder bei der Gestaltung der Seite sowieso viel stärker mit einbeziehen müssen. Warum gab es dazu nicht mal einen Projekttag?«

»Auf keinen Fall. Ich will keine Bilder von Theo im Internet. Wer weiß, in wessen Hände die geraten können«, sagt Theo-Mama.

»Schlümpfe wohnen auch nicht in Höhlen, sondern in Häusern. Und ich weiß ja, dass es da bestimmt Probleme mit dem Copyright gib, aber hätte man nicht wenigstens irgendwo einen echten Schlumpf einbauen können? Oder wenigstens bei der Farbgestaltung mehr Schlumpfblau?«, fragt Luzi-Papa.

»Ich möchte auch nicht als nette Spieletante oder Oberschlumpf vorgestellt werden. Ich bin staatlich anerkannte Erzieherin«, sagt Erzieherin Petra.

»Und ich habe extra eine musikpädagogische Zusatzausbildung gemacht und ein Zertifikat zur Integration behinderter Kinder, das kommt da ja alles gar nicht vor«, klagt Erzieherin Annabelle.

»Und wo erklärt Java unser pädagogisches Konzept und unsere Ernährungsphilosophie?«, fragt Bio-Bärbel.

»Echt, Alter. Seit zwei Jahren bastelst du an dieser Homepage rum, und das ist alles, was du in der Zeit zustande gebracht hast?«, fragt Leon-Papa.

iDad ist fassungslos.

Wütend klappt er seinen Laptop zu und raunzt: »Bitte sehr, dann macht euren Scheiß doch allein, wenn ihr glaubt, dass das alles so einfach ist. Ihr wollt 'ne vollgemüllte Nullachtfünfzehn-Seite? Dann bastelt sie euch selber. Ich hab echt auch noch was anderes zu tun. Ich hab Kunden, die bezahlen fünfstellige Beträge, um sich von mir eine Homepage bauen zu lassen. Das ist Kunst, was ich da mache.«

»Ich denke, wir sollten noch mal ganz grundsätzlich

überlegen, was wir mit der Homepage bezwecken wollen«, sagt Therese-Mama.

»Ja, wozu brauchen wir überhaupt eine? Wir haben doch mehr als genug Bewerber für unsere freien Plätze, unsere Außendarstellung kann uns doch total egal sein«, sagt Harkan-Mama.

»Stimmt, wir haben hier jeden Tag verzweifelte Eltern vor der Tür stehen, die sollten wir durch so eine Homepage nicht auch noch animieren, sich hier vorzustellen«, sagt Erzieherin Annabelle.

iDad starrt mit kaltem Blick auf sein Smartphone und sucht wohl verzweifelt nach einer Maschinengewehr-App, mit der er uns alle niedermähen kann.

»Wir sollten abstimmen«, sagt Therese-Mama. »Wer ist dafür, das Projekt Homepage ein für alle Mal zu begraben?«

Ein Duzend Hände geht nach oben. Keine Gegenstimmen.

»Ich möchte mich enthalten«, sagt Ex-Alexa, die etwas erschrocken aus der Wäsche schaut. Tja, Puppe, gewöhn dich dran, Kindergarten ist kein Ponyhof!

iDad wischt auf dem Telefon herum und ignoriert uns. Tagesordnungspunkt Homepage abgehakt. Für immer.

»Dann können wir ja jetzt endlich über den Speiseplan der nächsten Wochen reden«, flötet Bio-Bärbel. Sie wedelt mit frisch ausgedruckten Rezeptideen, referiert kurz, welches Gemüse gerade Saison hat und dass sie nur Gutes über den Alcitin-Gehalt von Bärlauch gehört habe, der wirke nämlich antibiotisch, ganz ohne Pharma-Chemie.

Krümel-Mama hebt ihr knochiges Fingerchen, und Bio-Bärbel erteilt ihr das Wort.

»Ich möchte hier in dieser Runde mal über Zahnhygiene sprechen«, sagt Krümel-Mama mit besorgter Miene. »Krümel hat erzählt, dass er sich hier in der Kita nach dem Mittagessen zwar die Zähne putzt, aber dass die Erzieherinnen nicht noch mal nachputzen, so wie wir zu Hause das machen.«

»Oh«, ruft Bio-Bärbel, ehrlich schockiert. »Also das geht natürlich wirklich nicht!«

»Mädels, ich bin ein bisschen sprachlos. Ich verlasse mich darauf, dass Luzi hier bei euch in guten Händen ist, und ordentliches Zähneputzen ist ja wohl selbstverständlich«, sagt Luzi-Papa.

Annabelle, der die Panik ins Gesicht steigt, versucht verzweifelt die Gemüter zu beruhigen: »Die können das doch schon so toll allein, die Kinder, gerade die großen. Wir wollen sie in ihrem Drang nach Autonomie nicht beschränken!«

»Außerdem haben wir keine Zeit hier, vierzehn Kindern noch beim Zähneputzen zu helfen. Ihr könnt das ja morgens und abends zu Hause in aller Gründlichkeit tun«, sagt Petra.

»Aber ihr wisst doch, wie schnell sich falsche Gewohnheiten bei den Kindern festsetzen. Wenn man sie nicht immer wieder ermahnt, dann kreisen sie nicht, sondern schrubben nur, und das bringt ja nun gar nichts«, sagt Krümel-Mama.

»Ich denke auch, hier in der Kita sollte mit diesen Tabletten gearbeitet werden, die den Zahnbelag rot färben. Erst wer keine roten Zähne mehr hat, darf mit Putzen aufhören«, sagt Theo-Mama.

Es folgt eine hitzige Diskussion über das Für und Wider

von Zahnseide und Interdentalbürsten und ob auch Dreijährige schon Zungenschaber benutzen sollten.

»Sagt mal, ihr spinnt doch alle. Sollen sich die Kleinen hier nach dem Mittagessen noch den Mund mit Sagrotan durchspülen, oder was?«, ruft Erzieherin Petra schließlich genervt.

Und Harkan-Mama nickt ihr zu und sagt, dass ihr Harkan sich sowieso nur abends die Zähne putze und sie das auch vollkommen ausreichend finde, was Theo-Mama zu höhnischem Gelächter veranlasst und der Feststellung, dass ein gesundes Gebiss auch ein Schlüssel für beruflichen Erfolg sei und man sich dann in Harkans Fall also nicht zu wundern brauche.

»Wir brauchen eine Projektwoche Zahnhygiene«, ruft Sheila-Mama und reckt ihre Faust.

»Aber die machen wir doch jedes Jahr. Ist euch das noch nie aufgefallen?«, meint Annabelle verzweifelt.

Nein, ist es wohl nicht. Aber es gibt in der Elternschaft viele tolle Ideen, was man alles machen könnte in so einer Projektwoche, denn »mit einmal Karius und Baktus hören ist es natürlich nicht getan«.

Jetzt schlägt Ex-Alexas große Stunde, denn sie ist ja nicht nur Zahnarzthelferin, sondern ausgebildete Prophylaxe-Beraterin und steht natürlich mit all ihrem Fachwissen voll und ganz zur Verfügung:

»Übrigens sind elektrische Zahnbürsten viel besser, gerade für Kinder, die mit diesen kreisenden Putzbewegungen oft noch Schwierigkeiten haben«, doziert sie.

»Na, dann schaffen wir eben elektrische Zahnbürsten für die Kinder an«, sagt Theo-Mama.

»Dann brauchen wir aber auch vierzehn Ladestationen

für die vierzehn elektrischen Zahnbürsten«, gibt Annabelle zu bedenken. »So viele Steckdosen gibt es doch gar nicht im Bad.«

Aber da könne man doch sicher was basteln, entgegnet Theo-Mama. Jetzt, da iDad sich nicht mehr um die Homepage kümmern muss, könne er sich ja vielleicht um eine technische Lösung für dieses Problem bemühen …

iDad hebt nur kurz den Mittelfinger seiner rechten Hand, ohne den Blick vom Smartphone zu wenden.

»Vierzehn Ladestationen für elektrische Zahnbürsten? Ist das nicht ein bisschen viel Elektrosmog für unser kleines Bad?«, fragt Krümel-Mama besorgt.

»Ich weiß echt nicht, wie lange ich das hier noch aushalte«, murmelt Erzieherin Petra.

Wir vertagen die Zahnbürstenfrage auf den nächsten Elternabend, bis dahin will die frisch gebildete Arbeitsgruppe »Putzelinchen« Vorschläge zur großen Zahnhygiene-Themenwoche erarbeiten.

Der Tagesordnungspunkt Sonstiges entfällt.

Ex-Alexa, die große Putzexpertin, hat leider auch keine Zeit, Therese-Mama noch beim Aufräumen zu helfen, und läuft fröhlich plappernd neben Luzi-Papa nach draußen, während ihnen Erzieherin Annabelle mit hängenden Schultern und traurigem Blick nachsieht.

»Ja, geht ruhig, amüsiert euch«, murmelt Therese-Mama bitter und räumt die Früchteteetassen vom Maltisch. »Ihr werdet schon noch sehen, was ihr davon habt. Ihr werdet schon noch sehen!«

Wandertag ins Mittelalter

Warum eine Hexenverbrennung
kein Kinderzirkus ist

Letzte Nacht habe ich nicht geschlafen. Ich musste ein dringendes Projekt fertigstellen und bin nun, wo alle normalen Leute ausgeschlafen zur Arbeit marschieren, völlig erschlagen und fertig. Dabei habe ich den Tag über Kita-Elterndienst. Heute ist nämlich Wandertag, und diesmal muss ich mit. Hatte mit Krümel-Mama zweimal Putzdienst gegen einmal Wandertag getauscht, und das habe ich nun davon.

»Ich hab mir was ganz, ganz Tolles überlegt«, frohlockt Bio-Bärbel, Sonderbeauftragte für Wandertagsausflugsziele. »Auf dem großen Sportplatz in der Nordstadt steigt ein Spektakulum, ist das nicht toll?«

»Ein was?«, frage ich müde.

»Na, ein Mittelalterfestival. Ritter, Burgfräulein, Reiterspiele. Die Kinder werden begeistert sein!«, jauchzt Bio-Bärbel.

»Aha. Wenn du magst, kannst du gern meinen Platz übernehmen, ich bin gar nicht so wild auf das Mittelalter«, versuche ich mein Glück. Aber Bio-Bärbel winkt ab. Sie müsse arbeiten. Da hätte ich natürlich drauf kommen können.

Also trete ich pünktlich um halb neun meinen Dienst in der Kita an. Ben freut sich, dass Mama den ganzen Tag mit dabei ist, und hält tapfer meine Hand, während wir in Zweierreihen vom Kindergarten in Richtung Bushaltestelle marschieren. Die Kinder sind alle ganz aufgeregt: Werden wir beim großen Spektakulum auch Drachenkämpfe zu sehen bekommen? Werden echte Prinzessinnen anwesend sein?

»Schön, dass wir den Kindern heute gleich ein bisschen Geschichtsbewusstsein vermitteln können. Ich habe gehört, das Fest soll wirklich sehr authentisch sein«, sagt Annabelle gutgelaunt.

Authentisch? O Gott, bitte lass es vor Ort auch Toiletten des 21. Jahrhunderts geben und möglichst keine öffentliche Vierteilung!

Auf dem Sportplatz angekommen, stehen wir mit den Wilden Schlümpfen vor einem Brettertor, direkt vor uns kreuzen zwei schwitzende junge Männer in Ritterrüstung ihre Lanzen.

»Haltet ein, ihr jungen Recken!«, brüllt der eine. Die Kinder zucken zusammen, Ben krallt meine Hand fest.

»Vier Taler muss ein jeder von euch bezahlen, sollte er größer als eine Schwertlänge sein!«, brüllt nun der andere Ritter, zieht ein Schwert aus seiner Rüstung und rammt es vor uns in den Boden.

»Könnten wir vielleicht einfach einen Gruppenpreis ...«, versucht Petra zu verhandeln. Doch der erste Ritter brüllt:

»Schweig still, Weib!«

»Alles ganz wunderbar authentisch hier«, flüstere ich Annabelle zu. Und dann führen wir die verängstigten Kinder einzeln an dem im Boden steckenden Schwert vorbei. Alle, die kleiner sind als das Schwert, dürfen sich also für den Rest des Ausflugs kostenlos anbrüllen lassen, für die anderen fischt Erzieherin Petra Geld aus ihrem Brustbeutel.

Die Ritter nehmen ihre Lanzen zur Seite, öffnen das Brettertor, und wir schreiten im Gänsemarsch hinein in das sogenannte Mittelalter. Männer mit langen Haaren, fusseligen Bärten und langen Filzkutten und Frauen in bunten Samtgewändern tanzen ekstatisch zum quäkenden Tandaradai einer Dudelsackband. Es gibt mehrere Stände, an denen Met in Trinkhörnern ausgeschenkt wird, und offenbar ernährten sich die Menschen im Mittelalter ausschließlich von Knoblauchbrot und Bratwurst.

»Geil, ich will damit schießen!«, schreit Ole, als er eine Armbrustschießbude entdeckt.

»Ich auch! Ich auch!«, rufen nun alle Kinder.

»O je, das gibt Ärger …«, sagt Petra. Aber was soll's, sollen die Kinder doch mit Kinderarmbrüsten auf Pappdrachen zielen. Petra fischt wieder ein paar Taler aus dem Brustbeutel, die Kinder stellen sich brav in einer Reihe auf, und dann darf jeder mal abdrücken.

»TOT!«, schreit Ole.

»Cool, voll abgeballert!«, schreit Leon.

»Harkan, NICHT auf Theo zielen!«, schreit Petra, aber es ist schon zu spät. Theo geht zu Boden und hält sich die Hand vors rechte Auge. Erzieherin Petra greift sich Harkan, Erzieherin Annabelle stürzt sich auf den schreienden Theo, ich stürze los, um … ja was? Einen Medizinmann? Eine Heilkundlerin? Eine Kräuterhexe? … zu holen, und hoffe inständig, dass es irgendwo hinter den Kulissen dieses Spektakulums einen waschechten Krankenwagen gibt und wir Theo nicht per Eselskarren ins Krankenhaus befördern müssen.

Doch zum Glück stehen tatsächlich gleich hinter der Bühne mit der Dudelsackkapelle zwei Sanitäter herum, die hier wohl vergeblich auf ohnmächtige Groupies warten und mit mir gemeinsam zum Armbrustschießstand zurückjoggen.

»Ruf du bitte Theo-Mama an«, sagt Annabelle mit flehendem Blick zu mir, während die Sanitäter Theos Auge kühlen und ihm einen ziemlich piratigen Kopfverband anlegen.

Wenn das hier vorbei ist, brauche ich einen doppelten Espresso, Freunde, und zur Not trinke ich ihn auch aus einem Rinderhorn! Ich wähle also die Nummer von Theo-Mamas Büro. Die Sekretärin geht ran, denn Theo-Mama ist gerade in einem Meeting. Ich bitte darum, der Chefin auszurichten, dass Theo von einer Armbrust am Kopf verletzt wurde und möglicherweise von seiner Mutter im Krankenhaus abgeholt werden müsse.

»Dieser Türkenbengel! Ich bringe ihn um!«, schreit Theo-Mama keine zwei Minuten später in mein Ohr und verspricht dann, das Au-pair-Mädchen in die Klinik zu schicken, um Theo dort aufzusammeln. Sie könne nämlich auf keinen Fall das Büro verlassen. Außerdem müsse sie jetzt schnell ihren Anwalt informieren, der solle schon mal was vorbereiten zum Thema Schmerzensgeld. Und ob wir nicht in eklatanter Weise unsere Aufsichtspflicht verletzt hätten, das sei ja nun auch noch zu klären.

Annabelle ist inzwischen mit Theo ins Krankenhaus gefahren, Petra und ich bleiben mit den übrigen verschreckten Kindern zurück. Zum Glück soll gleich ein Ritterturnier stattfinden, die Kinder setzen sich alle brav auf die Zuschauertribüne und warten – ich kann mich also schnell um meine Koffein-Dosis kümmern, die ich mir nach meiner durchgearbeiteten Nacht und den Schrecken des Mittelalters redlich verdient habe.

»Kaffee? Aber gute Frau, das ist doch Teufelszeug! Probiert lieber meinen köstlichen Honigwein!«, sagt der Vollbartträger hinterm Marktstand, bei dem ich mein Glück versuche.

»Werter Herr«, antworte ich gereizt, »Sie verkaufen hier ja auch Bratwurst mit Ketchup. Beides keine überlieferten Mittelalterspeisen. Also keine Faxen bitte und her mit dem Kaffee.«

Aber der Zausel dreht sich nur angewidert um und beachtet mich nicht weiter. Frustriert schleiche ich zurück zur Zuschauertribüne, um gemeinsam mit Erzieherin Petra meinen Aufsichtspflichten nachzukommen. Diesmal aber richtig!

Endlich geht das Ritterturnier los. Ich hatte mit ein bisschen Geschicklichkeitsreiterei gerechnet, aber nicht damit, dass Reiter in Ritterrüstungen mit gezogenen Lanzen aufeinander zugaloppieren und sich brutal aus dem Sattel schubsen. Den Kindern geht es ganz ähnlich.

»Das tut doch weh«, jammert Krümel neben mir.

»Die armen Pferde, das ist total gemein«, sagt Luzi mit zitternder Stimme. Bens kleine, schwitzige Hand krallt sich immer fester in meine.

Jetzt gibt es auch noch einen Schwertkampf. Zwei Ritter dreschen mit Schwertern aufeinander ein und stoßen urzeitlich anmutende Schmerzensschreie aus. Die Kinder sitzen starr vor Schreck auf ihren Plätzen. Sogar Harkan und Leon sind blass um die Nase.

»Ich glaube, wir sollten gehen, das ist alles ganz schön

brutal, und die Kinder sehen nicht so aus, als hätten sie Spaß«, sage ich zu Petra.

Die nickt: »Wir sollten hier dringend verschwinden und die nächste Eisdiele ansteuern.«

»Das nächste Mal machen wir den Wandertag wieder auf den Bio-Bauernhof, das ist authentisch genug«, sage ich.

Während wir also alle Kinder, Taschen, Rucksäcke und Jacken einsammeln und versuchen, unsere kreidebleichen Wilden Schlümpfe von der Zuschauertribüne zu lotsen, geht einer der beiden Ritter offenbar siegreich aus dem Schwertkampf hervor. Der Widersacher liegt geschlagen am Boden, der Sieger zieht sich den Helm vom Kopf und offenbart – ja sapperlot! – seine langen roten Haare.

»Ein Weib, ein Weib!«, schreit es neben mir.

»Sie ist eine Hexe, auf den Scheiterhaufen mit ihr!«, schreit ein anderer Kuttenträger.

»Die Hexe soll brennen! Die Hexe soll brennen!«, johlt nun die ganze Zuschauertribüne.

Sheila, Emma, Ole und Krümel fangen an zu heulen. Leon stammelt: »Aber Ritter sind doch die Guten!«, Luzi will unbedingt gucken, ob die Frau noch rechtzeitig fliehen kann oder etwa wirklich auf dem Scheiterhaufen landet, und Finn und Ben klammern sich so fest an meine beiden Hände, dass mir die Finger taub werden.

»Kinder, das ist nur eine Show. Die haben sich alle nicht wirklich weh getan, das war nur gespielt«, versucht Erzieherin Petra zu beruhigen. Aber es ist zu spät, die Kinder haben genug vom Mittelalter.

Gerade wollen wir mit den heulenden Kindern durch das Brettertor an den beiden Türsteherrittern vorbei zurück in die Zivilisation treten, als aus einem Zelt eine dicke Gestalt im langen Samtkleid und mit einem kunstvoll drapierten Kopftuch auf uns zustürmt.

»Um Gottes willen, was ist passiert?«, schreit die Frau.

»Bio-Bärbel?«, frage ich ungläubig. »Was machst du denn hier?«

Bio-Bärbel schließt ihren immer noch schniefenden Sohn in die Arme und sagt: »Ich arbeite. Sieht man doch. Als Wahrsagerin. Ich lese hier aus der Hand und lege Tarot-Karten. Aber nur heute, ich bin für eine Freundin eingesprungen.«

»Du kannst Tarot-Karten legen? Hättest du da nicht vorhersehen können, dass dieser Ausflug eine totale Katastrophe wird?«, frage ich säuerlich.

»Aber das ist doch alles nur Show, ich tu nur so, als ob«, sagt Bio-Bärbel, so als hätte ich eine ernst gemeinte Frage gestellt.

»Ja, ist klar, ganz tolle Show!«, pampt Petra zurück. »Theo liegt mit gespaltenem Schädel im Krankenhaus, Harkan wird von Theo-Mama eigenhändig geviertelt, und gerade haben unsere Kinder erst einem Schwertkampf und dann einem Lynchmob zugesehen. Wo soll's denn nächstes Mal hingehen beim Wandertag? In die städtische Justizvollzugsanstalt? Zum Schlachthof? Ins Pornokino? Hast du noch mehr so großartige Ausflugsideen?«

Bio-Bärbel druckst kleinlaut was von »authentisch« und »familienfreundlich« und dass sie das ja nun wirklich nicht habe wissen können, dass man hier Hexen verbrennt. »Ich bin untröstlich, das tut mir alles sehr, sehr leid«, sagt sie ungewöhnlich demütig. »Kinder, kommt doch alle mal in mein Zelt, ich hab was für euch.«

Wir drängen uns also alle in ihre niedrige Wahrsager-Jurte. Bio-Bärbel hängt ein »Besetzt«-Schild vor den Eingang. Dann holt sie aus einem großen Lederrucksack zwei Tassen und eine Thermoskanne mit Kaffee für Erzieherin Petra und mich. Und – ich bin fassungslos! – eine riesige Tüte mit Gummibärchen für die Kinder. Richtige Gummibärchen. Nicht das zuckerfreie Zeug aus dem Bio-Markt.

»Jetzt schaut mich nicht so an. Da ist doch jetzt ein Notfall hier, oder etwa nicht? Ich hab die Tüte ja auch nicht selbst gekauft, sondern geschenkt bekommen. Und eigentlich sind sowohl Gummibärchen als auch Kaffee hier auf dem Festival verboten, also verratet mich bitte nicht.«

Ob Erzieherin Petra sich so besänftigen lässt? Keine Ahnung. Aber ich trinke einen großen Schluck aus Bio-Bärbels selbstgetöpferter Kaffeetasse, sehe, wie sich die Kinder glücklich die Gummibärchen in den Mund stopfen und bin schon gar nicht mehr wütend.

Nur müde. Ganz furchtbar müde.

Topfschlagen? Voll retro!

Der Kindergeburtstag als Großevent

Als erwachsene Frau glaubt man ja, bestimmten Verletzungen der Jugend nie wieder ausgesetzt zu werden. Oder zumindest den Schmerz nicht mehr ganz so stark zu spüren. Wie damals, als mich der göttliche Chris nicht zu seinem fünfzehnten Geburtstag eingeladen hatte. Jene Jahrhundertparty, auf der es Bowle und sogar vier Kästen Bier und jede Menge Gelegenheit zum Knutschen geben sollte. Schon Wochen vorher hatte ich mit dem schwarzen Kajal meiner Mutter heimlich an meinem dramatischen Party-Make-up gefeilt. Doch dann hatte der göttliche Chris Heike, Simone und Sandra eingeladen. Und mich hatte er vergessen. Einfach so.

Nie, dachte ich damals, nie wird jemals wieder etwas so schlimm sein wie dieses Gefühl von laut dröhnender Dunkelheit in meinem Bauch, das mich über Tage vor und nach dem Fest begleitete. Heute weiß ich, dass genau dieses Gefühl jederzeit wieder in meinen Bauch kriechen kann. Nämlich wenn Finn Kindergeburtstag feiert und meinen Sohn nicht einlädt. Meinen wunderbaren Sohn, diesen Prachtkerl, dieses bezaubernde Geschöpf.

Nicht! Eingeladen!

Wie kann das sein?

In der Kindergartenwelt ist der Kindergeburtstag so etwas wie die Atombombe. Das ultimative Drohpotential. »Dann lad ich dich nicht zu meinem Geburtstag ein!«, das ist wirklich Alarmstufe Rot. Und je näher der eigene Kindergeburtstag rückt, umso mehr gebärden sich die Kinder wie nordkoreanische Diktatoren. Wer dann wirklich nicht eingeladen ist, bekommt das tagelang zu spüren. Weil nämlich in der Kita tolle Einladungskarten verteilt werden und lang und breit über Geschenkewünsche debattiert wird und über das tolle Fest und die vielen Süßigkeiten, die es geben wird. Wer da nicht mitreden kann, der leidet. Und Mama leidet mit. Vielleicht leidet sie sogar noch mehr.

Finn hat in der Kita also bunte Einladungskärtchen verteilt, nur in Bens Garderobenfach habe ich keines gefunden. Finn und Ben sind gute Kita-Kumpels. Gab es da Konflikte, die ich nicht mitbekommen habe? Wird Ben gemobbt? Oder ist er etwa selbst ein Mobber? Oder liegt es an mir? Will mich Finn-Mama für irgendetwas bestrafen? Aber für was? Hab ich neulich auf dem Spielplatz zu lang mit ihrem Mann gequatscht? Ist sie sauer, weil ich manchmal denselben H&M-Pulli trage wie sie, obwohl sie ihn zuerst hatte?

Ben nimmt die Tatsache, nicht auf Finns Geburtstag eingeladen zu sein, deutlich gelassener als ich. Vielleicht auch, weil ich ihm für diesen Nachmittag ein echt bombastisches Alternativ-Programm zusammengestellt habe: Wir gehen Eis essen und dann ins Schwimmbad mit der tollen Babyrutsche. Abends gibt es eine Doppelfolge Pettersson und Findus auf DVD, und zum Abschluss zappeln wir noch zu den Klängen von Gloria Gaynors »I will survive« eine flotte Mutter-Sohn-Nummer aufs Wohnzimmerparkett. Finn ist pipikackablöd und seine Mutter auch!

In den Tagen nach Finns Party meide ich Finn-Mama. Manchmal schaue ich sie verstohlen von der Seite an, wenn wir zusammen auf dem Kita-Spielplatz sitzen, und frage mich, was da schiefgelaufen ist in unserer Beziehung. Und ob ich es ihr mit gleicher Münze heimzahlen soll, denn auch Bens Geburtstag steht bevor. Ich könnte natürlich auch einfach Finn nicht einladen. Aber möchte ich mich auf dieses niederträchtige Niveau herablassen? Beschäme ich Finn-Mama nicht viel mehr, indem ich Finn trotz allem einlade? Wäre das nicht wahre Größe?

»Sag mal, ist irgendwas? Du bist so komisch?«, fragt mich Finn-Mama dann eines Nachmittags.

»Nö, wieso?«, frage ich kühl.

»Ach komm schon, seit Tagen redest du nicht mit mir. Hab ich dir irgendwas getan?«

»Mir nicht. Aber Ben. Den du nicht zu Finns Geburtstag eingeladen hast.«

»Ach deswegen. Na ja, weißt du, wir haben da eine sehr strenge Geburtstagsregel: pro Lebensjahr nur ein Kind. Finn durfte drei Kinder einladen, und er hat sich für Krümel, Emma und Thore entschieden. Er wollte Ben auch noch einladen, eigentlich ja auch viel lieber als Emma, aber ich hab es verboten. Wegen der Regel. Und weil ich dachte, dass die Jungs nicht so aufdrehen, wenn ein Mädchen dabei ist. Das artet sonst aus. Hat gar nichts mit euch zu tun«, stammelt Finn-Mama.

»Pro Lebensjahr nur ein Kind? Scheißregel!«, sage ich, immer noch beleidigt.

»Na, dann lad du dir doch den ganzen Kinderladen

nach Hause ein, wirst schon sehen, wie anstrengend das ist. Und die Kinder sind doch auch völlig überfordert!«, sagt Finn-Mama, jetzt ebenfalls beleidigt.

Überfordert? Was für ein Quatsch, denke ich. Unsere Kinder verbringen jeden Tag mit mehr als einem Dutzend anderen Kindern, warum sollten sie ausgerechnet an ihrem Geburtstag von mehr als drei Gästen überfordert sein? Hier geht es ja wohl eher um die Überforderung der Eltern! Die Blöße werde ich mir nicht geben. Zu Bens Geburtstag in zwei Wochen werde ich eine legendäre Party für ihn schmeißen, und Ben soll so viele Kinder einladen, wie er möchte. Amen.

»Bist du irre?« fragt mich abends Benni-Papa, als ich ihm von meinen Partyplänen erzähle. »Wenn du Ben die Wahl lässt, dann kannst du unser komplettes Stadtviertel einladen, inklusive aller Müllmänner und Baggerfahrer, die hier arbeiten. Und machst du dich sonst nicht immer lustig über die Mütter, die Kindergeburtstage akribischer planen als ihre eigene Hochzeit?«

»Na, ich mach mir wenigstens ein paar Gedanken im Gegensatz zu dir«, maule ich. »Hast du etwa schon einen Masterplan für den Geburtstag deines Erstgeborenen? Oder gar ein Geschenk? Oder auch nur eine Idee für ein Geschenk? Wenn ich einfach gar nichts machen würde, hätte Ben an seinem Geburtstag nicht mal einen Kuchen. Weil du dich einfach darauf verlässt, dass ich mich um alles kümmere. WIE IMMER!«

»Ach, reg dich ab, Supermutti, ist ja alles noch zwei Wochen hin«, mault Benni-Papa zurück.

Und dann pampen wir uns noch ein bisschen gegenseitig an und rechnen einander vor, wer jetzt eigentlich mehr Stress hat und wer müder ist und dringender eine Auszeit bräuchte und wer wem nie richtig zuhört. Und dann vertragen wir uns wieder, weil doch nichts alberner ist als junge Eltern im Opfer-Duell. Benni-Papa verspricht, sich um ein Laufrad als Geschenk zu kümmern, und legt dafür die Partyplanungen vertrauensvoll in meine Hände.

In den nächsten Tagen erkundige ich mich bei den anderen Kita-Müttern, was man denn so aufzufahren hat, um im Kampf um den schönsten Kindergeburtstag wenigstens im soliden Mittelfeld zu landen.

Theo-Mama legt die Planung von Theos Geburtstagen in Profihände und bucht das »Rundum-sorglos-Paket« einer Kinderpartyagentur, die dann mit Zauberer, Kinderschminkerin, Clown, Hüpfburg, Seifenblasen, Spiderman-Torte, Schokoküssen und allem Pipapo in Theo-Mamas Stadtrandvilla einfällt, die Kinder in Ekstase feiert und hinterher schön brav alles wieder aufräumt.

Bio-Bärbel macht an Oles Geburtstagen eine große gemeinsame Backaktion, bei der die kleinen Gäste gemeinsam einen Vollkorn-Dinkel-Teig zusammenmanschen und den dann am Lagerfeuer zu Stockbrot backen dürfen.

iDad hat an Javas letztem Geburtstag eine eigene Lasershow konzipiert und eine Kinderdisco veranstaltet.

Emma-Mama hat eine Fotografin engagiert, die die Kinder geschminkt und in Modelpose abgelichtet hat, so dass die kleinen Mini-Heidi-Klums ihre erste »Setcard« und eine Essstörung mit nach Hause nehmen konnten.

Und Sheila-Mama hat eine aufwendige dreistündige Schatzsuche durch die Stadt organisiert. »Toll ist auch, wenn du einfach ein Zimmer bei euch komplett mit Folie auslegst, die Kinder nackt ausziehst und sie mit ganz viel Fingerfarbe rumsauen lässt«, rät sie mir.

Nach meiner ersten Recherche muss ich ernüchtert feststellen: Es ist alles schon mal da gewesen: Piratengeburtstag, Rittergeburtstag, Prinzessinnengeburtstag. Spektakuläre Geburtstagstorten, legendäre Schnitzeljagden, aufwendige Ausflüge zu Indoor-Spielplätzen und Ponyhöfen. Das kann ich alles beim besten Willen nicht toppen.

»Spielt denn keiner mehr Topfschlagen?«, frage ich Erzieherin Petra in meiner Not.

»Nee, Topfschlagen ist definitiv out. Denk dran, es geht nicht darum, was die Kinder toll finden, sondern was die anderen Mütter beeindruckt. Und denk an die Gastgeschenke. Die sind ganz wichtig. Damit kannst du viel rausreißen!«

Gastgeschenke? Stimmt, ich erinnere mich, zu meinen Kindergeburtstagen durfte jeder eine Butterbrottüte mit ein paar Gummibärchen mit nach Hause nehmen. Aber mit Gummibärchen in einer Papiertüte kann man heute nicht mehr landen, die Kinder bekommen heute Goodie-Bags wie sonst nur Filmstars nach einer Preisgala, randvoll mit Glitzerstickern, Klebe-Tattoos und Schleichtieren.

Abends mache ich einen Budgetplan. Ben möchte ungefähr zehn Kinder einladen, was ich sehr moderat finde für einen zum Größenwahn neigenden beinahe Dreijährigen. Trotzdem würden mich allein die standesgemäßen Gastgeschenke etwa 200 Euro kosten.

»Kommt gar nicht in die Tüte«, sagt Benni-Papa. »Und wieso machen alle erst so einen Aufriss um den Kindergeburtstag, um dann doch nur rumzustöhnen, wie anstrengend und teuer das alles ist?«

So vernunftgesteuert kann natürlich nur ein Vater daherreden, der sich dem täglichen Mütterkonkurrenzterror in der Kita-Garderobe und auf dem Kita-Spielplatz nicht aussetzen muss.

»Du verstehst das nicht. Das schaukelt sich eben so hoch. Jeder will seinem Kind den tollsten Geburtstag aller Zeiten bescheren und alle anderen übertrumpfen. Und ich will, dass alle Kinder noch bis ins Teenie-Alter von Bens legendärem drittem Geburtstag schwärmen. Dem coolsten Fest aller Zeiten.«

»Na, dann plan mal schön weiter«, sagt Benni-Papa, unangemessen amüsiert. »Aber wenn du einen Kredit aufnimmst oder unser Auto verkaufst, um die Feierlichkeiten zu finanzieren, sag mir vorher Bescheid, okay?«

Früher, als Bassistin in meiner schrabbeligen Punkband, war ich eine Meisterin darin, mit minimalem Aufwand auf der Bühne maximal cool rüberzukommen – und genau diese Fähigkeit muss ich jetzt wohl aktivieren. Ich beschließe, mutig gegen den Strom zu schwimmen und Ben eine echte Retro-Geburtstagsparty auszurichten. Smarties-Kuchen aus Flokina-Backmischung anstatt doppelstöckiger Marzipantorte oder personalisierten Blaubeermuffins. Topfschlagen, Schokokusswettessen und Würstchenschnappen anstatt Zaubershow, Kinderkaraoke und Mottoparty. Als Gastgeschenke wird es keine vollgepackten Goodie-Bags geben, sondern für jedes Kind einen von mir persönlich ausgewählten Schlumpf aus meiner alten Schlumpfsammlung, die ich eigens aus dem Keller hervorkramen werde. Eltern, die den emotionalen Wert dieser Gabe nicht verstehen, haben kein Herz in der Brust, so viel steht ja wohl fest.

»Und, was für einen Geburtstag feiert ihr?«, fragt mich Emma-Mama, als ich ein paar Tage später in der Kita bewusst schlicht gehaltene Einladungskärtchen in die Garderobenfächer der Gäste stecke.

»Na, einen GANZ NORMALEN!«, sage ich triumphierend.

»Ich meine, was habt ihr geplant?«, fragt Emma-Mama noch mal nach. »Soll Emma Schwimmflügel dabeihaben? Oder ein Kostüm?«

»Nein, wir machen gar nichts Besonderes«, sage ich.

»Aha«, sagt Emma-Mama ehrlich erstaunt. »Gar nichts Besonderes. Na, das ist ja mal interessant.«

Die Nachricht spricht sich erfreulich schnell rum. Ich höre es tuscheln hinter meinem Rücken: »Stell dir vor, Benni-Mama hat zehn Kinder eingeladen zu Bens Geburtstag!«

»Ja, irre, ZEHN Kinder. Und angeblich soll sie NICHTS geplant haben!«

»Nicht dein Ernst! Gar nichts?«

»Gar nichts. Sie hat was von Würstchenschnappen und Topfschlagen erzählt!«

»Na, die ist ja mutig!«

»Armer Ben. Dass seine Mutter sich aber auch so gar keine Mühe machen will!«

»Vielleicht haben sie ja finanzielle Probleme?«

»Na, aber der Geburtstag meines Kindes wäre ja nun wirklich das Letzte, woran ich sparen würde …«

Die Erwartungen sind also hoch, und ich bin nervös.

Wenn die Müttermafia zum Abholen anrückt, müssen Emma-Mama, Finn-Mama, Krümel-Mama und all die anderen glücklich strahlende Kinder in Empfang nehmen, die begeistert vom Schokokusswettessen erzählen und darum betteln, beim nächsten Geburtstag auch einfach NICHTS BESONDERES machen zu dürfen.

Am Abend vor Bens Geburtstag rühre ich drei Packungen Flokina-Backmischung zusammen und fabriziere mit Schokoguss, Smarties und Streuseln den idealtypischen Geburtstagskuchen meiner eigenen Kindheit. Dann backe ich noch einen zweiten für die Kita (nieder mit den immer gleichen Muffins und Cupcakes!) und dekoriere unser Wohnzimmer mit Luftschlangen und Luftballons. Um Mitternacht lege ich mich gerührt von mir selbst und mit klopfendem Herzen ins Bett und mache die ganze Nacht kein Auge zu.

Hallo Schlaflosigkeit, willkommen Worst-Case-Szenario! Elf Kleinkinder werden morgen durch meine Wohnung toben. Bin ich eigentlich wahnsinnig? Sind die überhaupt alle versichert? Sollte ich unseren Fernseher, unsere Zimmerpflanzen und meine Lieblingsbücher noch in Sicherheit bringen? Haben wir Geld für eine anschließende Grundsanierung unserer vier Wände? Wie macht man noch mal einen Druckverband, nur falls eines der Kinder meine japanischen Küchenmesser in die Finger bekommt? Wie war noch der Giftnotruf? Ist genug Alkohol im Haus, um die abholenden Eltern schnell abzufüllen und so über den katastrophalen Verlauf dieser Geburtstagsparty hinwegzutäuschen?

Und dann, an Bens Geburtstag, kommt doch alles anders als gedacht.

Um halb drei stehen Benni-Papa und ich in der Kita auf der Matte, um unseren Geburtstagssohn und seine zehn Gäste einzusammeln. Brav trottet die Festgemeinde die drei Straßenblocks zu unserer Wohnung hinter uns her. Dann setzen sich alle Kinder um den Tisch, trinken Kakao, essen meinen Retro-Geburtstagskuchen und singen Ben noch ein Geburtstagslied. Dann darf Ben Geschenke auspacken. Er macht das mit Bedacht und Hingabe, die anderen Kinder schauen weihevoll zu.

»Jetzt spielen!«, sagt Ben, erhebt sich, führt seine Gäste in sein Kinderzimmer und schließt die Tür.

Und dann hören wir: nichts!

Gar nichts!

Kein Geschrei, keine umfallenden Möbel, kein splitterndes Glas.

»Das ist ja unheimlich. Hast du irgendwas in den Kuchenteig gemischt? Baldrian? Valium?«, fragt Benni-Papa.

Nein, habe ich nicht. Und eigentlich müsste an dieser Stelle natürlich stehen, wie anstrengend und chaotisch alles war, wie Ben irgendwann einen nicht enden wollenden hysterischen Anfall bekommen hat, wie Krümel sich nach vier Stück Kuchen in unsere Badewanne übergeben und Emma und Thore sich gegenseitig die Haare ausgerissen haben im Streit um den letzten Schokokuss.

War aber nicht so. Ich schwöre!

Als wir nach einer Viertelstunde gespenstischer Ruhe die Tür zu Bens Kinderzimmer öffnen, sitzen dort völlig entspannte Kinder auf dem Boden und bauen mit Legos, die Mädchen spielen in Bens Bett mit den Kuscheltieren.

»Hey, Kinder! Wie wäre es mit einer Runde Topfschlagen?«, rufe ich aufgekratzt.

Höflich lassen die Kinder von ihrem Spiel ab, so als wollten sie mir einen Gefallen tun, und kommen mit ins Wohnzimmer. Emma, die als Erste den Kochlöffel in die Hand gedrückt bekommt, mag sich aber nicht die Augen verbinden lassen. Und hat den Topf auf diese Weise natürlich schnell gefunden. Thore lässt sich zwar die Augen verbinden, kann aber mit Benni-Papas und meinem »Heiß! Heiß! Nein, kalt. Gaaaanz kalt!«-Gebrüll überhaupt nichts anfangen, so dass ich ihn irgendwann mit beiden Händen direkt vor den Topf schiebe. So läuft das mit allen elf Kindern, die sich im Anschluss brav ihr Gummibärchen in den Mund stecken, artig »Danke!« sagen und wieder in Bens Kinderzimmer verschwinden.

Benni-Papa und ich sitzen allein im Wohnzimmer.

»Meinst du, die haben Spaß?«, frage ich bang.

»Sehen doch ganz zufrieden aus!«, sagt Benni-Papa.

»Ja, aber zu einem Kindergeburtstag gehören doch völlig überdrehte, überzuckerte Kinder, die sich gegenseitig den Schädel einschlagen und die Wohnung verwüsten, und am Ende muss das Geburtstagskind ausflippen.«

Wir öffnen schon mal eine Flasche Wein, stoßen auf den Geburtstag unseres Sohnes an und betäuben damit unsere Zweifel, ob diese Party das Zeug zur Legende hat.

Um sechs kommen die ersten Eltern, um ihre Kinder abzuholen.

»Ist aber ruhig hier!«, staunt Thore-Mama.

Bevor sie sich zu sehr wundert, schenke ich ihr ein großes Glas Wein ein. Und allen anderen Müttern und Vätern auch, die sich bald um unseren Tisch sammeln.

»Oh, wie früher!«, jauchzt Krümel-Mama, als sie die Reste meines Smarties-Flokina-Kuchens sieht, und schiebt sich ungewöhnlich hungrig gleich ein Stück in den Mund.

»Ja, jetzt erzähl mal: Wie war's?«, fragt Finn-Mama.

»Ich hab gehört, du hast GAR NICHTS BESONDERES vorbereitet. Was habt ihr denn den ganzen Tag gemacht mit den Kindern«, fragt Emma-Mama.

»Na, nichts. Wir haben Topfschlagen gespielt, aber sonst vergnügen sich die Kinder schon seit Stunden total friedlich in Bens Kinderzimmer. Zum Würstchenschnappen hatten sie dann keine Lust«, sage ich.

»Oh, Würstchenschnappen! Wie früher!«, jauchzt Krümel-Mama und spült ein paar Kuchenkrümel mit einem großen Schluck Rotwein runter.

»Du isst Würstchen? Und Kuchen? Was ist denn mit dir los?«, fragt Thore-Papa.

»Mal gar nichts Besonderes machen, das ist natürlich auch eine Idee. Ist doch furchtbar übertrieben, dieser Stress mit Clowns und Zauberern«, sagt Finn-Mama.

»Und erst die Gastgeschenke!«, stöhnt Emma-Mama.

»Na komm, ihr habt es aber auch wirklich schlimm übertrieben bei Emmas Geburtstag. Mit den handgestempelten Tischkärtchen und dem Partyfotografen und den gebundenen Fotobüchern für jeden Gast«, sagt Krümel-Mama.

»Mir liegt eben was an meinem Kind!«, sagt Emma-Mama eingeschnappt. Ich öffne die vierte Flasche Wein und schenke kräftig nach.

»Ach Quatsch, du versuchst doch nur, dein schlechtes Gewissen zu beruhigen, weil du so viel arbeitest und viel zu wenig Zeit für Emma hast!«, sagt Finn-Mama.

Und Krümel-Mama ruft: »Können wir nicht Würstchenschnappen spielen? So wie früher?«

»O ja«, kichert Sheila-Mama, springt auf und dreht die dezente Hintergrundmusik an unserer Stereoanlage lauter. Thore-Papa und Benni-Papa halten die Wäscheleine mit den angebundenen Würstchen in die Höhe, und Sheila-Mama und Krümel-Mama hüpfen gackernd auf und ab und versuchen, in die baumelnden Würstchen zu beißen.

»Ich arbeite gar nicht zu viel. Und ich habe genug Zeit für Emma, ich geb mir doch solche Mühe, alles unter einen Hut zu bringen«, schluchzt Emma-Mama, leert ihr Weinglas und schenkt sich nach.

Und Finn-Mama redet sich in Rage über den Konsumterror und den um sich greifenden Entertainment-Wahn und dass Kinder doch vor allem Liebe brauchen und ein durchgestyltes Geburtstagsfest nicht die tagtägliche Fürsorge einer Mutter ersetzen kann.

»Ach ja?«, ruft Emma-Mama empört. »Wer hat denn zum Geburtstag seines Sohnes eine dreistöckige Marzipantorte beim besten Konditor der Stadt geordert und schon Tage vorher damit angegeben?«

»Ja, und wer hat denn Finn verboten, alle seine Freunde einzuladen? Wer hat denn die bescheuerte ›Nur ein Kind pro Lebensjahr‹-Regel aufgestellt?«, trete ich nach.

Finn-Mama schmollt, Emma-Mama schnieft, Krümel-Mama und Sheila-Mama haben alle Würstchen weggeschnappt und tanzen jetzt einen Limbo unter der Wäscheleine durch, die Benni-Papa und Thore-Papa tiefer und tiefer halten.

»Sag mal, war da Milch in dem Kuchen?«, fragt Krümel-Mama plötzlich, und ihre Gesichtsfarbe wechselt von Rotweinrosig zu Waldmeistergrün. »Du weißt doch, dass Krümel diese Laktoseintoleranz ...«, dann stürzt sie schon in unser Bad und kotzt einen großen Schwall aus Rotwein, Kuchen und Würstchen in unser Waschbecken.

»Das Klo wäre gleich daneben gewesen«, sage ich. »Und Krümel hat den Kuchen bestens vertragen.«

»Mama, ich will jetzt nach Hause, ich bin müde«, quengelt Emma, die mit den anderen Gästen aus Bens Kinderzimmer getapert kommt ist und sichtlich erschüttert ist über das, was sie da in unserem Wohnzimmer sieht: besoffene, aufgedrehte, streitende Eltern.

»Ich hol noch schnell die Schlümpfe«, sagt Benni-Papa und zieht die Tüte mit meinen sorgsam ausgewählten original Achtziger-Jahre-Schlümpfen aus dem Küchenschrank.

»Oh, ich will aber Schlumpfine«, schreit Sheila-Mama.

»Die hatte ICH aber zuerst«, schreit Thore-Mama.

Im Bad kotzt Krümel-Mama noch mal eine Ladung in unsere Badewanne, während ich vorsichtig Krümel wecke, der zwischen Legos und Dinos auf Ben Kinderzimmerteppich liegt und schläft. Eine Stunde später schläft auch Ben, und sein Vater und ich sitzen zwischen Würstchenstücken, Kuchenkrümeln, zertretenen Schokoküssen und ausgekipptem Rotwein im Wohnzimmer, während aus unserem Bad der säuerliche Geruch von Erbrochenem in unsere Richtung wabert.

»Wahnsinnsparty!«, sagt Benni-Papa anerkennend.

»Ja«, sage ich erschöpft. »Genau wie früher.«

Nächstes Jahr machen wir es genauso. Wir machen nichts Besonderes, und Ben darf so viele Kinder einladen, wie er will. Nur die Anzahl der anwesenden Erwachsenen wird auf ein Elternteil pro Lebensjahr begrenzt.

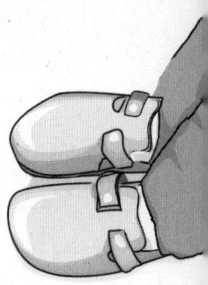

Auf zur Windpockenparty!

Wie Impfgegner so richtig abfeiern

In den Tagen nach Bens Geburtstag verschwindet Krümel-Mama von Tag zu Tag mehr in ihren immer größer
werdenden Pullovern. Mit gesenktem Blick huscht sie
an mir vorbei. Und als ich sie endlich auf dem Kita-Spielplatz zu fassen kriege und sie frage, ob alles in Ord-
nung ist, sehe ich, wie ihr sofort das Pipi in die Augen
steigt.

»Bens Geburtstag ... Eure Party ... Ich hab so viel ge-
gessen ... Und so viel getrunken ... Und dann das im
Bad ... Es ist mir alles so peinlich!«, haucht sie und
wischt sich schnell eine Träne aus dem Augenwinkel.

»Ach komm, war doch 'ne super Party! So was passiert, wenn man sich amüsiert. Es ist überhaupt nicht
schlimm! Nur kotz halt beim nächsten Mal ins Klo und
nicht ins Waschbecken«, sage ich aufmunternd und
tätschle Krümel-Mama die knochige Hand.

»O Gott, bitte erzähl es keinem, das ist mir noch nie
passiert ...«, schluchzt sie und wirft ihr kleines, dünnes,
zitterndes Körperchen an meine Brust.

Ich tätschle also noch ein bisschen weiter und schiele
nach Ex-Alexa, die auch schon seit Tagen so merkwürdig
ist. Also noch merkwürdiger als sonst. Sieht mich immer
so schräg von der Seite an, meidet meinen Blick und ist

auffallend kühl. Nichts mehr mit Kusshändchen und »Süße, wir telefonieren« und so.

Als Krümel-Mama sich wieder einigermaßen beruhigt hat, greife ich mir Ex-Alexa und frage sie, was denn eigentlich los sei und ob ich ihr irgendwas getan habe (also abgesehen davon, dass ihr meinetwegen der Mann ihres Lebens abhandengekommen ist).

»Nö, mir nicht, aber Tom: Den du als Einzigen nicht zu Bens Geburtstag eingeladen hast!«, sagt Ex-Alexa schnippisch.

»Oh«, stammle ich. »Na ja, weißt du, Ben durfte selbst entscheiden, wen er einlädt, und Tom ist nun mal noch ziemlich klein und viel jünger, und da hatte er ihn wahrscheinlich gar nicht auf dem Schirm.«

»Aber DU hättest ihn auf dem Schirm haben müssen! Die beiden sind doch wie Brüder! Und was ist das überhaupt für eine Scheißregel, einen Dreijährigen selbst über seine Geburtstagsgäste entscheiden zu lassen! Weißt du, wie schlimm das für Tom war? Wie sehr er gelitten hat?«

»Tom ist achtzehn Monate alt, der hat das wahrscheinlich überhaupt nicht mitbekommen. Die Einzige, die offenbar gelitten hat, bist du. Und Ben und Tom sind NICHT wie Brüder! Auch wenn du das gern hättest.«

Jetzt bleibt Ex-Alexa der Mund offen stehen, und sie sieht mich mit einem »Das sieht dir ähnlich, du miese kalte Schlampe«-Blick an. Dann verzieht sie sich in die andere Ecke des Sandkastens, um sich bei Therese-Mama auszuheulen, und ich bin froh, dass erst in einem Jahr wieder Kindergeburtstag ist. Jedenfalls bei uns.

Als ich in der Kita-Garderobe Bens Regenmantel einsammeln will, sehe ich ein kleines buntes Kärtchen in seinem Garderobenfach. Eine Einladung. Von Sheila. Komisch, Sheila hatte doch gerade erst Geburtstag? Ich drehe die Karte um und lese:

Lieber Ben,
juchhu, ich habe die Windpocken. Das will ich feiern,
und DU bist eingeladen. Wenn Du Lust auf eine
garantierte Ansteckung und tollen, lebenslangen
Immunschutz hast, dann komm doch vorbei.
Deine Sheila

»Ben, hast du Lust auf Windpocken?«, frage ich meinen Sohn auf dem Spielplatz. Ben schüttelt den Kopf, ohne zu wissen, was Windpocken sind, aber das Wort klingt in seinen Ohren offenbar nicht wie Schokoladeneis. Kluges Kind. Am Abend rufe ich Sheila-Mama an, um abzusagen.

»Du, danke für die Einladung, aber Ben ist gegen Windpocken geimpft.«

»Oh, na gut. Muss ja jeder selber wissen. Da habt ihr ja Glück, dass er keinen Impfschaden davongetragen hat«, sagt die Stimme am anderen Ende der Leitung.

Glück? Impfschaden? Ich dachte, Ben hat vor allem das Glück, wahrscheinlich nie an Windpocken erkranken zu müssen. Ich erinnere mich nämlich ganz gut an meine Windpocken, an kleine fies juckende Quaddeln am ganzen Körper, an denen ich nicht kratzen durfte und die mich nächtelang kaum haben schlafen lassen.

Natürlich sorgt Sheilas Windpockenparty für Diskussionen auf dem Kita-Spielplatz. Krümel-Mama ist ent-

setzt, als sie hört, dass nicht nur Sheila keinen Immunschutz gegen die gängigen Kinderkrankheiten besitzt,
weil ihre Eltern Impfungen für schädlich halten.

»Eure Kinder sind wie Massenvernichtungswaffen! Das
ist doch unverantwortlich!«, schimpft Krümel-Mama aufgeregt. »Eure Kinder tragen Masern, Mumps und Menin-
gitis hier in die Kita, das wird doch dann ganz schnell
eine Epidemie. Dann mutieren die Erreger, und dann
nutzt auch irgendwann die beste Schutzimpfung nichts
mehr. Und Krümel ist doch auch so schon so anfällig ...«

»Du übertreibst. Du hast kein Vertrauen in die Natur«,
sagt Bio-Bärbel. »Windpocken sind harmlos, und man
kann die Pusteln auch ganz wunderbar mit Brennnessel-
sud behandeln, dann jucken sie kaum.«

»Ja, aber warum sollte ich mein Kind absichtlich mit
Windpocken anstecken?«, frage ich.

»Na, ist doch praktisch, lieber jetzt einmal durch mit
den Windpocken als ein paar Tage vor dem lang im Voraus gebuchten Mallorca-Urlaub«, sagt Thore-Mama.

»Ach, dein Urlaub ist dir wichtiger als die Gesundheit
deines Kindes?«, fragt Finn-Mama.

»Also ich freu mich auf die Party. Und Ole auch«, sagt
Bio-Bärbel. »Kinderkrankheiten sind das Natürlichste
von der Welt. Und es ist doch immer toll zu sehen, wie die
kleinen Kinderkörper mit diesen fiesen Viren fertig werden.«

»Ole freut sich auf Windpocken? Und du findest es toll,
wenn dein Sohn krank ist? Bist du noch ganz dicht?«,
fragt iDad.

»Wirklich, man sollte die Polizei holen wegen Kindesmisshandlung«, sagt Finn-Mama.

»Ach ja? Und sein Kind zum Versuchskaninchen der Pharmaindustrie zu machen, das ist keine Kindesmisshandlung, oder was? Noch nie was von Impfschäden gehört? Mal abgesehen davon, dass man über die Spätfolgen dieser ganzen Impfungen noch überhaupt nichts weiß!«, sagt Thore-Mama.

»Eben, es gibt in diesem Land kein Gesetz, das mich zwingt, mein Kind zu impfen. Ich sorge für Oles Immunschutz durch gesunde Ernährung und indem ich Gelegenheiten wie diese ergreife, um ihn ganz unkompliziert einmal die Windpocken durchmachen zu lassen«, sagt Bio-Bärbel.

»Aber ihr habt das doch gar nicht unter Kontrolle!«, barmt Krümel-Mama. »Eure Kinder könnten Schwangere anstecken, die euretwegen behinderte Kinder bekommen. Und man kann auch an Windpocken sterben!«

»Hast du schon mal überlegt, dass Krümel auch deshalb so viele Allergien haben könnte, weil du ihn völlig unreflektiert gegen jeden Quatsch hast impfen lassen?«, fragt Thore-Mama spitz.

Krümel-Mama schnappt nach Luft. »Ja, dann zieht doch nach Afrika und lasst eure Kinder an Malaria, Masern und Hepatitis verrecken, wenn ihr Impfungen für Teufelszeug haltet!«

»Anderswo würden Mütter sich den Arm abhacken lassen, wenn sie dafür eine Tetanusspritze für ihr Kind bekämen«, sagt Finn-Mama.

»Ach, seid ihr jetzt unsere Dritte-Welt-Expertinnen oder was?«, fragt Bio-Bärbel. »Ich habe jedenfalls noch nie gehört, dass in den Slums von Nairobi Erdnussallergien und Laktoseintoleranzen grassieren würden.«

»Muss man eigentlich ein Geschenk mitbringen zu so einer Windpockenparty?«, frage ich, um die Diskussion wieder von den Slums Nairobis wegzulenken.

»Natürlich! Sheila schenkt uns ja schließlich auch was, indem sie ihre Erreger mit uns teilt!«, sagt Bio-Bärbel.

»Ja, schenkt ihr neue Eltern! Und zwar welche mit Verantwortungsgefühl!«, ruft Finn-Mama. »Und nur damit ihr es wisst: Sein Kind absichtlich mit einer Krankheit zu infizieren erfüllt den Tatbestand der Körperverletzung und ist strafbar!«

Sheilas Windpockenparty verspricht ein voller Erfolg zu werden. Früher, als ich selber noch echte Partys gefeiert habe, war es ein Zeichen für ein gelungenes Fest, wenn irgendwann die Polizei vor der Tür stand. Wenn Finn-Mama jetzt Sheila-Mama das Ordnungs- und das Jugendamt an den Hals hetzt und mehrere Uniformierte die Tür zu Sheilas Wohnung aufbrechen, die Kinder aus dem Planschbecken ziehen und die Eltern in Handschellen abführen, dann würde das sicherlich in die Kita-Annalen als spektakulärstes Fest aller Zeiten eingehen. Ich überlege kurz, ob ich nicht doch hingehen sollte, nur um das nicht zu verpassen – aber so weit kommt es gar nicht, weil am Abend vor der Windpockenparty Sheila-Mama eine Mail rumschickt und verkündet, dass die Party leider, leider abgesagt werden muss, weil Sheila nämlich fiebrig, juckig, unleidlich und ganz und gar nicht in Partylaune sei und sich außerstande sehe, Gäste zu empfangen. Aber es bestünde natürlich die Möglichkeit, Schnuller oder Lutscher vorbeizubringen, die Sheila dann zwecks Erregerübertragung mal in den Mund stecken könne.

»Schnuller? Ganz schlecht für's Gebiss!«, sagt Bio-Bärbel. Und Lutscher kommen natürlich ohnehin nicht in Frage, Stichwort Zucker.

Wenn es ums Kindeswohl geht, macht Bio-Bärbel nämlich keiner was vor.

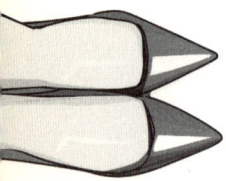

Gute Medien,
schlechte Medien

Die Fernseh-Guerilla schlägt zurück!

Dass die Kita ein Ort voller Gefahren ist, weiß ich natürlich nicht erst seit der letzten Läuseplage. Und jetzt gibt es ein neues, brandaktuelles Aufregerthema, das die Elternschaft der Wilden Schlümpfe umtreibt, spaltet und mobilisiert. Sind die Taliban einmarschiert und haben unsere Mädchen unter eine Burka gezwungen? Steht ein Kometeneinschlag auf dem Kitaspielplatz bevor? Ist die Kitagarderobe als Atommüllendlager im Gespräch?

Nein, es gab bei den Wilden Schlümpfen eine Projektwoche zum Thema »Insekten«!

Kinder interessieren sich für alles, was krabbelt und wimmelt und ein bisschen eklig ist, und deshalb haben unsere Erzieherinnen das Thema beherzt aufgegriffen und diese Neugier in eine pädagogische Aktion kanalisiert: Die Kinder haben ein Terrarium mit Schnecken und Ameisen bestückt und fasziniert beobachtet, wie die Ameisen mit den Schnecken kurzen Prozess gemacht haben. Sie haben einen Ausflug zu einem Imker gemacht und sich die Sache mit den Bienchen und den Blümchen erklären lassen. Sie haben bunte, vierzehnbeinige Phantasiespinnen gemalt und aus Wolle ein Spinnennetz geknüpft, das nun über dem Maltisch hängt. Und dann hat Erzieherin Petra zum Abschluss einen Projektor aufgestellt und einen zehnminütigen Super-Acht-Film mit dem Titel »Käfer Konstantin« gezeigt.

»Krümel hat erzählt, ihr hättet in der Kita ferngesehen. Bitte sag, dass das nicht wahr ist«, sagt Krümel-Mama am nächsten Morgen zu Erzieherin Annabelle. Auch Bio-Bärbel ist schwer irritiert über diesen unreflektierten Medienkonsum. Da hält man sein Kind mit Müh und Not von Bildschirmen fern, und dann wird es ausgerechnet in der Kita vor dem Fernseher ruhiggestellt!

»Wir haben die Kinder nicht ruhiggestellt. Wir haben mit den größeren Kindern einen kurzen, absolut altersgerechten Film gesehen«, sagt Petra.

iDad kommt nicht darüber hinweg, dass Petra wirklich eigens einen Super-8-Projektor aufgebaut hat, und bietet an, sich um einen kostengünstigen Beamer zu bemühen und diesen auch gleich zu installieren. »Wenn hier schon ferngesehen wird, dann doch bitte nicht mit Technik aus dem Mittelalter!«

»Ein Film namens ›Käfer Konstantin‹ hört sich für mich nicht so an, als würde den Kindern dort der neueste Stand der Wissenschaft vermittelt«, sagt Theo-Mama. »Ich möchte, dass mein Sohn etwas lernt, also achtet doch bitte nicht nur darauf, ob etwas altersgerecht ist, sondern auch, ob es dem Bildungsgrad unserer Kinder entspricht und sie nicht unterfordert.«

»Unterfordert? Die Kinder sind doch total überfordert von all diesen Reizen!«, sagt Krümel-Mama atemlos. iPads, iPhones, Computer, Flachbildsuperplasmaglotze mit 3D-Effekt – überall würden die Kinder nur noch auf Bildschirme starren oder auf Bildschirmen rumdrücken und rumwischen, anstatt mal ein gutes Buch zu lesen.

»Die können doch noch gar nicht lesen, unsere Kinder«, sagt Theo-Mama, nicht ohne Bedauern.

Na ja, aber trotzdem. Die schnellen Schnitte, die knallbunte Optik, die Lautstärke – Fernsehen macht unsere Kinder dumm, passiv und phantasielos, fördert das Suchtverhalten, tötet jede Kreativität, findet die Gruppe der TV-Verächter.

»Man muss doch bloß in diese toten Kindergesichter blicken, wenn sie nur das Sandmännchen ansehen«, sagt Bio-Bärbel. »Wie die Zombies sehen die aus!«

»Krümel hat einmal die Sesamstraße geguckt, und in der Nacht hatte er dann ganz schlimme Albträume!«

»Ja, wirklich, dass den Kindern dort ausgerechnet ein keksefressendes Monster präsentiert wird, das könnte man ruhig auch mal hinterfragen!«, sagt Bio-Bärbel.

Mann, Mann, Mann – wer weiß, was für ein Genie ich hätte werden können, wenn ich als Kind nicht so viel »Ein Colt für alle Fälle« geguckt hätte, denke ich mir!

»Ich will noch einmal betonen: Wir haben nicht ferngesehen. Wir haben einmalig einen kurzen, inhaltlich passenden Film gesehen, der die Kinder in keiner Weise überfordert oder verwirrt oder reizüberflutet hat«, sagt Petra.

»Fehlt ja nur noch, dass ihr dazu Chips und Eiskonfekt reicht!«, sagt Emma-Mama empört. Dann sammeln alle ihre Kinder ein, auf dass sie sich übers Wochenende von der Projektwoche Insekten und dem traumatisierenden Erlebnis mit Käfer Konstantin erholen mögen.

Als Ben und ich am Montagmorgen die Kita betreten, höre ich schon an der Tür aufgeregtes Schnattern aus dem Toberaum. Vor der Kuschelecke stehen diverse Eltern im Halbkreis, den Blick nach oben gerichtet. Direkt über der Kuschelecke hängt: ein Beamer. Den hat iDad übers Wochenende installiert. Eine Spende an den Verein sei das. Und dass er sich nicht wieder nachsagen lassen wolle, seine Projekte nicht schnell genug umzusetzen.

»Ich bin FASS-UNGS-LOS!«

»Eine Unverschämtheit!«

»Und das alles ohne Absprache …!«, keift es aus diversen Müttermündern.

iDad ist längst beleidigt abgezogen, und nun ist es an Erzieherin Annabelle, die Wogen zu glätten.

»Wir werden den natürlich nur ganz sporadisch nutzen. Und nur ganz gezielt für pädagogische Inhalte«, versucht sie zu beschwichtigen, aber es ist zwecklos.

»Ja, wer sagt uns denn, dass ihr die Kinder hier nicht schön mit den Teletubbies berieselt und währenddessen gemütlich Kaffee trinkt?«, sagt Emma-Mama.

»Das sagt euch euer gesunder Menschenverstand!«, meint Petra, die Annabelle zur Seite springt. »Nur weil wir scharfe Messer in der Küche haben, schneiden wir euren Kindern damit ja auch nicht die Finger ab. Habt ihr denn überhaupt kein Vertrauen in uns? Für wie bescheuert haltet ihr uns eigentlich?«

»Du muss verstehen, fernsehen ist ein SEHR sensibles Thema. Wir wollen nur das Beste für die Kinder«, sagt Bio-Bärbel.

»Zum letzten Mal: Wir werden hier nicht fernsehen! Gezielte! Pädagogische! Inhalte! Ab und zu! Man kann mit so einem Beamer ja auch Fotos an die Wand projizieren. Und wäre das hier ein Diaprojektor, würde sich keiner darüber aufregen!«, sagt Petra.

»Also, ich finde es ja gar nicht schlecht, wenn den Kindern Medienkompetenz vermittelt wird. Das ist doch eine Bildungseinrichtung hier, und da gehört es dazu, dass sie lernen, mit Bildschirmmedien umzugehen«, sagt Theo-Mama.

Und ich erzähle von meinem Freund Max, der als Kind nie fernsehen durfte, sich mit seiner ersten eigenen Wohnung dann endlich einen Fernseher angeschafft und ihn erst fünfzehn Jahre später das erste Mal wieder ausgeschaltet hat. »Künstliche Verknappung befeuert die Nachfrage, ist doch ganz logisch«, sage ich.

Harkan-Mama hält es für eine typisch deutsche Bigotterie, sich am Sonntagabend kollektiv vorm Tatort bei Mord und Totschlag zu entspannen und gleichzeitig zu glauben, die Kinder vorm Sandmännchen beschützen zu müssen. »Harkan kann beim Fernsehen ganz wunderbar entspannen, da kommt er richtig runter und wird ganz ruhig«, sagt sie, worauf sich Krümel-Mama entsetzt die Hand vor den Mund hält.

Luzi-Papa gibt zu, dass er Luzi auch jeden Tag eine Folge Bibi-Blocksberg auf DVD sehen lässt, weil das wiederum ihn sehr entspanne und er zwischendurch einfach mal eine halbe Stunde Ruhe brauche.

»Ja, aber bei DIR ist das ja was ganz anderes«, rufen die Mütter im Chor. Klar, Luzi-Papa hat es als junger Witwer schon schwer genug, da ist selbst Fernsehen nicht so schlimm. Aber in der Kita, da bleibt es tabu.

»Ich werde das Ding gleich morgen wieder abschrauben!«, sagt Bio-Bärbel.

»Untersteh dich!«, ruft Harkan-Mama.

»Ja, hör auf, hier deine Bullerbü-Phantasien auszuleben

und allen deine Erziehungsmethoden aufzuzwingen. Der arme Ole. Kein Zucker, kein Fernsehen, den ganzen Tag nur Körner fressen und mit Holzklötzen spielen. Der Junge wird dir in der Pubertät die Hölle heiß machen!«, sagt Thore-Mama.

»Menschenverachtend!«, schnauft Bio-Bärbel und rauscht ab, die Gruppe der TV-Verächter folgt ihr.

»Vielleicht stimmen wir einfach ab?«, ruft ihnen Annabelle hinterher, aber die Wahrscheinlichkeit, dass sich aufgepeitschte Fanatiker demokratischen Entscheidungen beugen, ist gering.

Petra lässt sich stöhnend in die Kuschelecke fallen. »Immer dieser Streit. Immer dieses Gekeife. Wegen allem und jedem gibt es hier Zoff. Soll noch mal einer sagen, das Anstrengende an diesem Job seien die Kinder!«

»Das liegt allein an der Verkaufe«, sagt Theo-Mama. »Die Dinge werden hier ganz falsch präsentiert. Ich kenn das doch aus dem Job: Wenn ihr einen Beamer wollt, dann müsst ihr eine Strategie finden, an deren Ende Bio-Bärbel glaubt, die Sache mit dem Beamer sei ihre Idee gewesen.«

Da hat sie ausnahmsweise mal recht, unsere Business-Mutti. Die TV-Verächter müssen überzeugt, nicht überstimmt werden! Spontan schließen wir uns zur AG »Der Beamer bleibt! Medienkompetenz bei den Wilden Schlümpfen« zusammen.

Am selben Abend treffen wir uns noch bei Theo-Mama, um unsere Strategie zu besprechen: Thore-Mama, Luzi-Papa und ich.

Theo-Mama steht vor einem großen Flipchart und kritzelt eine »Mindmap« unserer ersten losen Gedanken. Daraus destilliert sie unseren Angriffsplan: »Wir verbinden Guerilla-Taktiken mit einer argumentativen Umarmungsstrategie.«

Als »Opinion-Leader« der TV-Verächter-Fraktion ist Bio-Bärbel unser Hauptziel. Für Teil eins der Guerilla-Strategie ist Luzi-Papa zuständig, er zielt auf Bio-Bärbels Achillesverse: ihren Mann. Den wird Luzi-Papa geschickt auf unsere Seite ziehen, Stichwort: Fußballweltmeisterschaft. Wäre es nicht großartig, wenn die wichtigsten Spiele gemeinsam in der Kita angesehen werden könnten? Per Beamer ganz groß an die Wand projiziert? Sozusagen als gemeinschaftstiftendes Element in der Kuschelecke? Denn, dass wir uns nicht immer nur streiten und bekriegen, sondern ab und zu auch mal was Schönes zusammen unternehmen, ist für die Stimmung im Kinderladen überaus wichtig! Dem Argument kann sich Bio-Bärbel kaum verschließen, zumal wenn ihr eigener Mann es vorbringt.

Teil zwei der Guerilla-Strategie zielt direkt auf Bio-Bärbels Hang zur Nostalgie. Um ihre grundsätzlich ablehnende Haltung gegenüber dem Medium Fernsehen zu durchbrechen, müssen wir ganz subtil ihre Erinnerungen an positive Erlebnisse mit Filmen ansprechen. Dazu werde ich eine E-Mail an den Verteiler schicken, unter falschem Namen natürlich. Ich werde mich als Skandinavistik-Studentin ausgeben, die eine Doktorarbeit zum Einfluss von Astrid-Lindgren-Filmen auf das Schweden-Bild der Deutschen schreibt und eine Umfrage zu unseren Lieblings-Astrid-Lindgren-Filmen macht (Michel, Pipi Langstrumpf, Ferien auf Saltkrokan). Ich wette, Bio-Bärbel kennt sie alle, wahrscheinlich kann sie sogar die Dialoge mitsprechen, auch wenn sie das vielleicht nicht zugeben wird.

Jetzt ist Bio-Bärbel in der richtigen Stimmung, um von uns auch argumentativ umarmt zu werden. Thore-Mama, die zu Bio-Bärbels Kundenstamm gehört und schon die ein oder andere Salzkristalllampe bei ihr erworben hat, wird diesen Teil übernehmen: Bio-Bärbel fürchtet sich vor der »Droge Fernsehen«? Wir auch! Und deshalb sollten wir alles daran setzen, die Kinder ganz natürlich gegen diese Droge zu immunisieren, indem wir sie regelmäßig einer geringen Dosis aussetzen. Wir nehmen der Droge den Reiz des Verbotenen und Exklusiven, so dass sie für die Kinder weniger interessant wird. Parole: Wer sein Kind vor dem Fernseher schützen will, der muss es ab und zu kontrolliert fernsehen lassen.

Theo-Mama ist siegessicher: »Ihr werdet sehen, das funktioniert. Und wenn wir Bio-Bärbel erst mal umgestimmt haben, ziehen ihre Jünger einfach nach.«

In der nächsten Woche starten unsere beiden Guerilla-Aktionen. Luzi-Papa schmeißt sich an Bio-Bärbels Mann ran und stimmt ihn schon mal auf gemeinsames Fußballgucken in der Kita-Kuschelecke ein. Die angebliche Umfrage zu Pipi Langstrumpf und Michel aus Lönneberga ist ein voller Erfolg: Die Eltern der Wilden Schlümpfe überbieten sich geradezu mit Anekdoten und gefühligen Kindheitserinnerungen. Auch Bio-Bärbel schreibt, dass sie sich immer einen Affen wie Herrn Nilsson gewünscht habe, heute aber das Halten von Kapuzineräffchen kritisch sieht, schließlich lebe Herr Nilsson bei Pipi ja nun alles andere als artgerecht. Aber nicht zuletzt habe die Folge, in der Michel die Bewohner des örtlichen Armenhauses mit den Köstlichkeiten des Lönneberga'schen Schlachtfestes beschenkt, den Grundstein für ihr heutiges soziales Engagement gelegt.

»Siehste!«, sagt Thore-Mama auf dem Spielplatz zu Bio-Bärbel. »Nicht alles, was im Fernsehen läuft, ist schlecht für unsere Kinder. Du wärst nicht die wunderbare, tierliebe, sozial engagierte Frau, die du heute bist, hättest du nicht als Kind diese Perlen der Filmkunst gesehen.«

Ex-Alexa gesellt sich dazu und zieht einen echten Trumpf: »Es gibt übrigens ganz, ganz tolle kurze und kindgerechte Filme zum Thema Zahnpflege. Da wird auch super erklärt, wie schlimm Zucker für die Zähne ist. Wir haben da ganz prima Erfolge mit in unserer Praxis! Das wäre doch toll für die Projektwoche Zahnhygiene, was meint ihr?«

»Aber nicht, dass in dem Film dann irgendwelche Zucker-Monster auf kleine, weiße Zähnchen einhauen. Krümel kriegt so schlimme Albträume«, sagt Krümel-Mama.

»Ach, seid ihr immer noch beim Thema Beamer?« Petra gesellt sich zu unserem Grüppchen am Rande des Sandkastens. »Meinetwegen könnt ihr das Ding wieder abbauen, wenn es euch so sehr stört. Die paar Male, wo wir einen Film gucken, kann ich auch meinen Projektor mitbringen oder meinen Laptop.«

»Aber der ist doch viel zu klein, da verderben sich die Kinder ja die Augen«, ruft Bio-Bärbel entsetzt. »Nein, nein, nein, der Beamer bleibt! Und ich werde mich persönlich um kindgerechte, pädagogisch aufgearbeitete Inhalte kümmern. Zahnhygiene, Ernährung, Verkehrssi-

cherheit – da gibt es doch sicher ganz tolles Material.«
Und vielleicht könnte man ja um Weihnachten herum mit
den älteren Kindern mal zusammen eine Folge Michel aus
Lönneberga gucken. Oder »Der kleine Lord«. So als ge-
meinschaftsstiftendes Element!

Die Mitglieder der Kita-Guerilla nicken bestätigend!
»Hasta la victoria siempre!«, flüstert mir Luzi-Papa verschwörerisch zu.

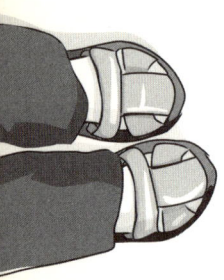

Sankt Martin,
mir graut's vor dir!

Unser beinahe rauchfreies Laternenfest

So Freunde, jetzt geht es ans Eingemachte. Die Gret-
chenfrage: Wie halten wir es mit der Religion bei den Wilden Schlümpfen? Ich hatte auch nicht damit gerechnet, mich mit derart existentiellen Fragen des Lebens
beschäftigen zu müssen, als ich mich freiwillig für das
Aktionsteam »Laternenumzug« gemeldet habe. Aber nun
sitzen wir hier in Bio-Bärbels Küche, essen staubige Din-
kelkräcker, und Emma-Mama fragt beim Blick auf die
To-do-Liste zum anstehenden Event ganz unschuldig:
»Sankt Martin? Wer soll das denn sein?«

»Wie jetzt, ist das dein Ernst? Du weißt nicht, wer Sankt
Martin ist?«, frage ich.

»Gab's den etwa nicht bei euch im Osten?«, fragt Bio-
Bärbel spöttisch.

Und Emma-Mama, die erst vor einem Jahr aus Chem-
nitz in unsere Stadt gezogen ist, antwortet gereizt: »Bei
uns gab es ein Laternenfest. Ganz ohne pseudoreligiöses
Bohei. War nicht das Schlechteste, wenn ihr mich fragt.«

Jetzt erklärt Bio-Bärbel Emma-Mama noch mal das
ganze Pipapo zum Thema Sankt-Martin. Die Sache mit
dem Pferd und dem Bettler und dem Mantel und dass das
Laternenfest nun mal untrennbar mit der Legende vom
heiligen Martin zusammenhängt.

»Aber in der ganzen Geschichte kommen gar keine Laternen vor. Es scheint also zusätzlich doch auch einen
heidnischen Hintergrund zu geben«, merkt iDad an. »Ich
finde, wir könnten diesen ganzen religiösen Überbau ruhig mal hinterfragen. Sollten wir als Kita das wirklich so
propagieren? Ich meine, an Ostern erzählen wir den Kindern ja auch nicht, dass wir die Kreuzigung Jesu feiern.«

»Ich habe mit der katholischen Kirche ohnehin so
meine Schwierigkeiten. Und mit einem Sankt-Martins-
Fest machen wir auch noch Werbung für diesen frauen-
feindlichen Verein«, sagt Emma-Mama.

»Ich finde, die Legende von Sankt Martin ist einfach
eine schöne Geschichte von einem Mann, der sich die
Zeit nimmt, einem armen Menschen zu helfen, und seinen
warmen Mantel mit ihm teilt. Das ist doch völlig unab-
hängig von der katholischen Kirche«, sage ich.

Wir stimmen ab, ob das Laternenfest ein reines Laternenfest bleiben soll oder ob Sankt Martin dabei eine Rolle
spielen darf: Die Pro-Martin-Fraktion setzt sich mit knapper Mehrheit durch.

»Okay, aber wenn schon, dann auch richtig«, sagt iDad.
»In den letzten Jahren haben wir immer nur ein bisschen
›Sankt Martin ritt durch Schnee und Wind‹ gesungen. Ich
glaube nicht, dass den Kindern so die Bedeutung der Geschichte wirklich bewusst geworden ist. Wir sollten die
Geschichte inszenieren. Ich spiele den Sankt Martin. Wer
macht mir den Bettler?«

»Das könnte Luzi-Papa machen. Aber wo bekommen
wir ein Pferd her? Und kannst du überhaupt reiten?«, fragt
Bio-Bärbel.

Ich merke an, dass wir für das Führen eines Pferdes im

Innenstadtbereich eine polizeiliche Genehmigung einholen müssten, aber iDad sagt, dass er die Rolle des Sankt Martin sowieso lieber etwas moderner interpretieren möchte und einfach auf seinem Motorrad vorgefahren käme. »Man nennt das ja nicht umsonst Stahlross.«

»Wenn schon modern, dann doch bitte per Drahtesel. Das Fahrrad ist das Fortbewegungsmittel der Zukunft. Denkt bitte an die Umwelt«, mahnt Bio-Bärbel.

Aber iDad sagt zu Recht, dass ein Sankt Martin auf einem Motorrad viel überzeugender das soziale Gefälle zwischen ihm und dem Bettler sowie die große Eile, in der der Heilige da durch Schnee und Wind hetzt, darstellen könne, als auf einem klapprigen Fahrrad.

Sheila-Mama findet, dass wir die Kinder viel stärker in alles mit einbeziehen sollten und ob wir nicht einen Martins-Flohmarkt veranstalten wollen, dessen Erlös wir hinterher einem guten Zweck spenden. »Jedes Kind muss ein Spielzeug mitbringen und verkaufen. So lernen sie helfen durch teilen.«

Schöne Idee. Ich erkläre mich bereit, ausreichend Weckmänner zu organisieren, so dass jedes Kind nach überstandenem Laternenumzug und der anschließenden Vorführung einen Hefemann bekommen und sich lässig mit der kleinen Gipspfeife im Mund ums Lagerfeuer tummeln kann.

»Du hast doch nicht ernsthaft vor, Weckmänner mit Pfeife zu kaufen?«, fragt Bio-Bärbel entsetzt.

»Wieso nicht? Die kleinen Pfeifen hatten wir früher doch auch und das gehört irgendwie dazu …«, stammle ich.

Aber Bio-Bärbel lacht nur schrill auf und sagt, dass ich

ja dann gleich noch jedem Kind ein Päckchen Zigaretten in die Hand drücken könne und ob mir denn nicht klar sei, dass diese kleinen unschuldigen weißen Pfeifchen die Kinder zum Rauchen animieren? Dass wir die Kinder sehenden Auges in die Fänge der Tabaksucht treiben, wenn wir ihnen Rauchaccessoires als Spielzeug überlassen?

Ich höre einfach nicht hin und beschließe, Bio-Bärbel komplett zu ignorieren. Ein Weckmann ohne Pfeife ist kein Weckmann! Doch als ich am nächsten Tag beim Bäcker dreißig Kerle »mit Pfeife« ordern will, muss ich feststellen, dass der Zeitgeist auf Bio-Bärbels Seite steht. Ein Bürgerbegehren und eine Postkartenaktion engagierter Eltern hat die städtische Bäckerinnung dazu bewogen, keine Weckmänner mit Pfeife mehr verkaufen zu lassen.

»Suchtprävention, versteh'n Se …«, sagt die Bäckerin und zuckt ratlos mit den Schultern. Tja, dann halt nicht.

Am Sankt-Martins-Tag finden wir uns alle um 15 Uhr zum großen Basar in der Kita ein. Die Kinder sind aufgekratzt und wollen eigentlich viel lieber ihre selbstgebastelten Milchkarton-Laternen vorzeigen, aber jetzt muss ja erst Gutes getan werden.

Einige Eltern haben den Basar als Möglichkeit der Hausmüllentsorgung genutzt und schon am Morgen kistenweise kaputtes Plastikspielzeug und schmuddelige Stofftiere in der Kita abgeworfen. Ist ja für einen guten Zweck. Thore schreit schon seit einer halben Stunde, weil er ein bunt blinkendes und unglaublich lautes Kinderhandy entdeckt hat, dass seine Mutter wohl auf diesem Weg gegen Thores Willen loswerden wollte. Ansonsten ruft die Auswahl weder bei Eltern noch bei den Kindern große Begeisterung hervor. Harkan kauft Leon ein paar Star-Wars-Sammelkarten ab, ein paar Plaste-Dinos werden gedealt, aber in der Kasse sammeln sich nur ein paar Münzen.

»So wird das nichts hier, wir können ja dem Kinderheim in Afrika nicht 12 Euro 60 überweisen, das ist doch peinlich«, sagt Annabelle. Daraufhin steckt sich Petra ihre beiden kleinen Finger in den Mund, pfeift einmal laut, so dass alle Köpfe sich in ihre Richtung drehen, und ruft: »Alle mal herhören, ihr werft jetzt jeder 10 Euro in unsere Spendenbox, und dafür entsorgen wir euren Müll hier morgen auf dem Recyclinghof, alles klar?«

Erleichtertes Aufatmen, nur Sheila-Mama findet, wir könnten doch einfach auch die Spielsachen und Kuscheltiere in Kartons packen und nach Afrika schicken, aber Luzi-Papa unterbricht sie ungewohnt barsch und hält ihr dann einen Vortrag über unsere westliche, paternalistische Denkweise und dass es doch tief blicken lasse, zu glauben, unser Müll wäre für afrikanische Kinder gerade gut genug.

»Klarer Fall von Method-Acting!«, sagt Emma-Mama. »Luzi-Papa identifiziert sich schon voll mit der Bettlerrolle.«

Tatsächlich ist Luzi-Papa in einen bodenlangen Wollmantel gekleidet, den er sogar drinnen nicht ablegen will.

»Ich glaube, er hat drunter gar nichts an«, sagt Ex-Alexa und kichert.

Jetzt teilt Annabelle die Laternenstäbe aus und gibt den Kindern ihre selbstgebastelten Laternen. Großes Durcheinander, weil natürlich nur die Hälfte der elektrischen Laternenstäbe funktioniert. Emma-Mama läuft noch schnell in den Supermarkt, um eine Großpackung Batterien zu kaufen, und Bio-Bärbel erzählt lang und episch, wie schön das doch früher war, als es noch echte Kerzen gab und ab und zu eben auch mal eine Laterne in Flammen aufgegangen ist: »Dieser Nervenkitzel hat doch das ganze Martins-Flair erst ausgemacht. Und besser für die Umwelt war es auch …«

Endlich sind alle Laternen einsatzbereit, die Kinder stehen in Zweierreihen im Nieselregen auf dem Bürgersteig, vorneweg Erzieherin Annabelle mit ihrer Gitarre, die mit fester, glockenheller Stimme »Ich geh mit meiner Laterne …« anstimmt. Die Kinder singen mit, und dahinter der Pulk aus Eltern, der die ganze Zeit quasselt und schnattert, bis Bio-Bärbel alle mit frostigen Killerblicken zum Schweigen bringt.

Wir drehen eine Runde durchs Viertel. Harkan zieht Leon seine Laterne über den Schädel, Leon würgt Harkan dafür mit dem Laternenstangendraht, schließlich kommt der große Umzug wieder in der Kita an, wo auf dem Spielplatz schon ein kleines Lagerfeuer flackert.

Die Kinder versammeln sich ums Feuer. Annabelle stimmt noch einmal das Sankt-Martins-Lied an, die Kinder singen inbrünstig mit, und als die letzten Töne verklungen sind, entzündet Bio-Bärbel eine Gartenfackel, steckt sie gleich neben dem Kletterbaum in den Boden, und da sehen wir ihn, im flackernden Feuerschein: Luzi-Papa. Nackt!

Na ja, fast nackt, er hat sich eine Art Lendenschurz um die Hüften gewunden und sitzt nun, erbärmlich frierend, an den Baumstamm gelehnt auf dem Boden. Ein Aufschrei geht durch die Menge, Krümel fängt an zu weinen, und die arme Luzi wendet sich mit feuerrotem Kopf ab.

»Oh, mir ist so kalt, so helft mir doch, ihr guten Leute!«, ruft Luzi-Papa flehend.

»Warum hat der Papa von Luzi denn gar nichts an?«, fragt Theo.

Aber da hören wir auch schon das Röhren und Knattern von iDads aufgemotztem Motorrad, das um die Ecke biegt. Bio-Bärbel öffnet das Tor zum Spielplatz, iDad lenkt seine Maschine schwungvoll am Sandkasten vorbei in Richtung Kletterbaum, hält genau vor dem schlotternden Luzi-Papa, nimmt den Helm ab und ruft: »Mein Name ist Martin, ich hab's echt eilig, aber ich kann dich hier nicht so frieren sehen. Hier, nimm die Hälfte meines Umhangs!«

Dann streift er sich umständlich ein zum Umhang umfunktioniertes schwarzes Bettlaken von den Schultern, das iDads Freundin zuvor mit Druckknöpfen präpariert hat, zieht ein Star-Wars-Plastik-Laserschwert aus seinem Gürtel und rupft damit den Umhang an seiner Druckknopfsollbruchstelle umständlich auseinander. Eine Hälfte wickelt er sich wie einen Schal um den Hals, die andere wirft er Luzi-Papa zu. Der bedeckt sich mit seiner Umhanghälfte, ruft schlotternd »Da-a-anke, edler Herr!«, während iDad sich den Helm wieder aufsetzt, seinem Publikum zuwinkt, den Motor aufheulen lässt und davonbraust.

Na ja, fast.

Denn Bio-Bärbel hat das Spielplatztor natürlich ordnungsgemäß wieder zugemacht, womit unser Sankt Martin nicht rechnen konnte. iDad fährt also mit Karacho gegen die Gitterstäbe, macht einen Salto über den Lenker seiner BMW F 800 GS und landet auf der anderen Seite des Zauns auf dem Gehweg.

Großes Geschrei, Java rennt heulend zu ihrem Papa, der fluchend auf dem Boden liegt und sich das Knie hält, Leon-Papa stellt den Motorrad-Motor aus.

»Krankenwagen, Krankenwagen!«, ruft Krümel-Mama, Erzieherin Annabelle legt die Gitarre beiseite, um Erste Hilfe zu leisten, und Luzi-Papa humpelt barfuß und zitternd in Richtung Kita, um sich wieder ein paar Schuhe und seinen ominösen Wollmantel anzuziehen.

Plötzlich tönt eine Sirene durch die Straße, Blaulicht flackert auf, aber das ist nicht der Krankenwagen, auf den wir alle warten, sondern die Polizei, die einen Mannschaftsbus direkt vor unserer Kita parkt. Zwei Polizisten in voller Kampfmontur steigen aus, und einer von beiden ruft mit fester Polizistenstimme: »Wer ist hier der Chef?« über den Spielplatz.

Die Menge teilt sich und alle Finger zeigen auf Therese-Mama, unsere Kümmermutti, die Geheimwaffe für alle unangenehmen Aufgaben. Und sehr viel unangenehmer als ein Polizeieinsatz während einer Sankt-Martins-Feier kann es ja eigentlich kaum werden. Therese-Mama schaut erschrocken wie ein Kaninchen im Boa-Terrarium, stellt sich dann aber tapfer ihrem Schicksal und der Staatsmacht.

Der Polizist belehrt uns, dass mehrere Anwohner den Notruf gewählt und von einem nackten Mann berichtet hätten, der sich auf unserem Spielplatz verstecke. Außerdem würde ein offensichtlich betrunkener Kradfahrer mit einer Amokfahrt unschuldige Kinder bedrohen. Darüber hinaus hätten wir ja wohl keine Genehmigung für offenes Feuer auf diesem Grundstück.

Therese-Mama erklärt mit zitternder Stimme, dass alles ein Missverständnis sei … Sankt Martin … Laternenumzug … Luzi-Papa in der Rolle des Bettlers … moderne Interpretation des heiligen Martin … Motorrad als zeitgemäßer Pferdersatz und so weiter. Da tönt erneut eine Sirene, wir sehen wieder Blaulicht, und ein spektakulärer Feuerwehr-Löschzug inklusive Leiterwagen biegt in unsere Straße ein.

Die Kinder stehen mit offenen Mündern staunend am Zaun, auf dem Gehweg liegt immer noch iDad, der sich wimmernd das Knie hält und von Erzieherin Annabelle und seiner Tochter Java getröstet wird. Ein Feuerwehrmann springt aus dem ersten Wagen und ruft: »Wo brennt es hier?«

»Sie kommen doch nicht etwa wegen unseres kleinen Lagerfeuers?«, frage ich.

»Wir wurden gerufen, weil es hier in einem Kindergarten brennen soll, Anwohner haben den Notruf gewählt.«

»Das Einzige, was wir hier wirklich brauchen, ist ein beschissener Krankenwagen«, jault iDad.

Ich zeige dem Oberbrandmeister unser bescheidenes Lagerfeuerchen – wobei: Allzu bescheiden ist es gar nicht mehr, denn Leon und Harkan haben den Trubel um iDads Motorradunfall genutzt, um möglichst viel Brennbares ins Feuer zu werfen, also abgerissene Kletterbaumzweige, die Papiertischdecke vom Sankt-Martins-Büfett, die Zettel mit den Laternenliedertexten, das schon benutzte Plastikgeschirr mit den Nudelsalatresten. Aus unserem Feuerchen ist ein veritables Feuer geworden, und

Oberbrandmeister Klempke klärt mich fix auf über die Gefahren von Funkenflug, unsere Aufsichtspflicht in Bezug auf den Umgang von Kleinkindern mit offenem Feuer, die Belästigung der Anwohner durch Rauch sowie die Vorteile einer Brandschutzschulung, während ein anderer Feuerwehrmann mit einem Feuerlöscher unser Lagerfeuer einschäumt.

Dann braust der Löschzug wieder davon, um in unserer Straße endlich Platz für den Krankenwagen zu machen, auf den iDad so verzweifelt wartet. Der kommt dann auch schließlich, die Polizisten nehmen iDad vorher noch schnell den Motorradführerschein ab und rufen einen Abschleppdienst, der das umgekippte Motorrad von unserem Spielplatz entfernen soll. Java und iDad fahren ins Krankenhaus, und wir bleiben alle etwas fassungslos zurück.

Nur die Kinder glühen geradezu vor Begeisterung. Ein Laternenfest mit einem Motorradunfall, Polizei, Feuerwehr und einem Krankenwagen – besser hätte es doch kaum kommen können.

»Ich brauch ganz dringend 'ne Kippe!«, sagt Luzi-Papa, der sich im langen Wollmantel wieder aus der Kita getraut hat.

»Ich auch!«, schallt es aus diversen Elternmündern.

»Aber nicht auf dem Spielplatz!«, ruft Bio-Bärbel.

Also stehen wir auf dem Bürgersteig und rauchen. Unsere Kinder stehen auf der anderen Seite des Zauns und schauen uns dabei zu, während sie zufrieden an ihren Weckmännern knabbern.

Ihren Nichtraucher-Weckmännern, wohlgemerkt!

Elternabend

Protokoll des Elternabends der Elterninitiativ-Kita
Wilde Schlümpfe e. V. am 1. Dezember
Protokollantin: Ich natürlich. Therese-Mama.
Wer denn sonst?
Anwesende: Die üblichen Arschlöcher

Liebe Eltern der Wilden Schlümpfe,
eigentlich solltet Ihr hier wie immer mein Protokoll
unseres Elternabends lesen können. Eine detailreiche
Schilderung all der schwachsinnigen Diskussionen,
Tiraden und Vorträge zu den immer gleichen Themen,
die unsere Elternabende prägen. Auch den letzten.
Wie immer war mal wieder niemand anderes bereit, mir
mal die lästige Protokollschreiberei abzunehmen. Wie
immer haben wir stundenlang übers Essenskonzept ge-
stritten, völlig unfruchtbare Diskussionen über das Für
und Wider einer Homepage geführt und die Fragen er-
örtert, wie viel frische Luft unsere Kinder brauchen und
wann sie zu krank sind, um in die Kita gehen zu können.
Wie immer haben wir über alles geredet und am Ende
nichts Konkretes beschlossen. Wie immer ist kein
Schwein noch ein paar Minuten dageblieben, um mit mir
zusammen noch schnell ein bisschen aufzuräumen.

Und als ich dann nach diesem langen Tag spätabends nach Hause kam und mich daransetzen wollte, aus meinen Notizen ein anständiges, der Vereinssatzung entsprechendes Protokoll zu verfassen, da ist in mir ein Entschluss gereift. Ein Entschluss, den ich Euch hiermit gern mitteilen möchte. Er lautet:

IHR KÖNNT MICH ALLE MAL!

MACHT EUREN SCHEISS IN ZUKUNFT ALLEIN!

ICH KÜNDIGE!

Ja, Ihr habt richtig gelesen. Ich, Eure nützliche Idiotin, die sich immer um den ganzen Schrott gekümmert hat, für den Ihr zu fein und zu beschäftigt wart, verschwinde jetzt einfach. Mein Vater ist gestorben, ich habe ordentlich geerbt und werde mit Therese zusammen nach Thailand auswandern, um mir meinen Traum zu erfüllen: eine kleine Pension direkt am Meer, wo ich mich um Gäste kümmern möchte, die meine Bemühungen hoffentlich mehr zu schätzen wissen als Ihr. Ich hoffe, Euch geht jetzt der Arsch auf Grundeis bei dem Gedanken, dass ja dann in Zukunft einer von Euch die Lohnbuchhaltung machen muss, die Protokolle schreiben, den Stress mit der Kita-Behörde bewältigen, Schwangerschaftsvertretungen organisieren, den Gemeinnützlichkeitsnachweis erbringen, Dienstpläne ausknobeln und das Kassenbuch führen. Und das alles ganz umsonst. In seiner Freizeit.

Ich kann nur sagen: Geschieht Euch recht!

Viel Spaß auf der nächsten Mitgliederversammlung.

Ich hoffe, ich sehe Euch alle nie wieder!

Eure Therese-Mama, Kümmermutti a. D.

Weihnachtsfeier mit Schuss

Warum am Ende doch alles gut wird

»Scheiße, Leute! Das kann doch nicht sein, dass da keiner dran gedacht hat!«, schreit Sheila-Mama panisch am Tag unserer Kita-Weihnachtsfeier. Sheila-Mama hatte sich spontan als Koordinatorin der Feierlichkeiten angeboten, ein Büfett organisiert, jedem Elternteil ein anderes Elternteil zum Wichteln zugelost und weihnachtliche Deko-Artikel besorgt. Aber dann gibt es eben doch noch jede Menge Dinge, die sonst immer ganz automatisch Therese-Mama gemacht hat, die uns allen ja so spektakulär den Mittelfinger gezeigt und sich nach Phuket verzogen hat.

Als da wären:

– Geschenke für unsere zwei Erzieherinnen besorgen
– Kinderkunstwerke beiseiteschaffen, damit sich während der Feierlichkeiten niemand auf die diversen herumstehenden Klorollenschmetterlinge und Kresseköpfe setzt
– Organisation sowie Auf- und Abbau der Büfett-Tische regeln
– genügend große Stühle ranschaffen, damit ausnahmsweise nicht alle auf den kleinen Kinderstühlen sitzen müssen
– Aufräumen und Putzen nach der Feier organisieren

Jetzt stehe ich mit Sheila-Mama und Bio-Bärbel zusammen in der Kita-Küche, zwei Stunden vor dem Beginn unserer Feier, und versuche, die entspannte Party-Göttin zu geben. Ich sage: »Freunde, das mit den Stühlen ist egal, Stühle sind der Feind jeder Party, wir wollen doch alle in Bewegung bleiben, vielleicht sogar ein bisschen tanzen und uns nicht die großen Ärsche platt sitzen. Tische brauchen wir auch nicht, wir stellen das Büfett einfach auf den Maltisch, so kommen wenigstens auch die Kinder dran. Den Rest bekommen wir jetzt innerhalb der nächsten zwei Stunden auch ohne Therese-Mama hin, wäre doch gelacht.«

Allein die fehlenden Geschenke für die Erzieherinnen sind ein Problem, aber da ich auch noch schnell ein Wichtelgeschenk für Krümel-Mama besorgen muss, biete ich mich freiwillig an, kurz vor Beginn des Festes noch ein paar milde Last-Minute-Gaben zu organisieren.

In einer kleinen Konditorei ganz in der Nähe kaufe ich zwei Großpackungen edelster Schnapspralinen für unsere Erzieherinnen und eine kleine Packung als Wichtelgeschenk für Krümel-Mama. Ein bisschen mehr Schnaps und ein bisschen mehr Schokolade hin und wieder würden dem armen, dürren Huhn guttun, denke ich.

Dann schnell zurück zur Kita, wo schon die ersten Eltern und Kinder eintreffen. Auch Benni-Papa und Ben sind schon da, und Benni-Papa hat seine von allen so hochgelobten hausgemachten Cevapcici mitgebracht, die in Wahrheit nichts weiter sind als Tiefkühlware aus dem Discounter. Bio-Bärbel steht am Büfett und begutachtet kritisch die mitgebrachten Speisen, lobt (»Sieht ja ganz köstlich aus, dein Selleriesalat!«) und tadelt (»Du, den Blätterteig für deine Spinattaschen gibt es auch aus Dinkelmehl. Schmeckt viel besser und ist ja so viel gesünder«).

Dann fällt sie dem verdutzten Luzi-Papa um den Hals, weil der sogar einen Käseigel fabriziert hat (»Also, dass gerade du dir immer solche Mühe machst, toll!«), und bedenkt Harkan-Mama mit einem frostigen Blick, weil die ein riesiges Tablett honigtriefendes Baklava aufs Büfett stellt.

»Was denn, es ist Weihnachten, Himmelherrgott!«, sagt Harkan-Mama und streckt Bio-Bärbel hinter deren Rücken die Zunge raus. Dürfen denn die armen Kinder nicht mal zum Fest der Liebe was Süßes haben? Wenn das so weitergeht, werde sie zum Ende des nächsten Ramadan alle unsere Kinder zum türkischen Zuckerfest einladen.

»Untersteh dich!«, knurrt Bio-Bärbel, doch dann muss sie schnell in die Küche, den Glühwein ansetzen und den Kinderpunsch fertigmachen.

Erzieherin Petra zieht eine Flasche Himbeergeist aus der Tasche und kippt ihn hinter Bio-Bärbels Rücken in den Glühweintopf (»Ohne ein bisschen Wumms schmeckt der doch nicht«), und die Kinder – allen voran Ole und Krümel – fallen schon mal über Harkan-Mamas Baklava-Teller her.

»Wer spielt dieses Jahr eigentlich den Weihnachtsmann?«, frage ich Bio-Bärbel.

»Keine Ahnung, da hat sich Sheila-Mama drum gekümmert. Ich war für die Kindergeschenke zuständig. Und da hab ich mir wirklich was ganz, ganz Tolles ausgedacht«, strahlt sie.

Um weiteren Eigenlobausbrüchen zu entgehen, stelle

ich mich in der Küche in die Schlange vor dem Glühweintopf, und als ich mir endlich eine Tasse voll einschenken
kann, klingelt drüben im Toberaum ein Glöckchen.

Dort hat Erzieherin Annabelle – heute engelsgleich
ganz in Weiß gekleidet – die Kinder um sich geschart und
die Gitarre umgehängt. Jetzt singen die Kleinen mit ent-
rückten Gesichtern »Oh, du fröhliche …« und »Kling,
Glöckchen klingelingeling«, und wir Eltern stehen gerührt
und mit glühweinrosigen Wangen im Halbkreis drum herum und sind stolz auf unsere Brut.

Danach kommt ein kleines Krippenspiel zur Auffüh-
rung (die Pro-Religionsfront hat sich auch hier durch-
gesetzt), in der Java und Theo Maria und Josef spielen.
Harkan (»Ausgerechnet!«, stöhnt Theo-Mama) spielt den
Engel, Leon, Krümel und Emma die Hirten. Der Rest der
Kinder spielt Schafe. Und weil die ihre Rolle besonders
ernst nehmen und eindrucksvoll und laut blöken, hört
man wenig vom Dialog der anderen Kinder. Theo-Mama
findet das unmöglich, schließlich hat sie extra eine kleine
Kamera mitgebracht, um den Auftritt ihres Sohnes zu
filmen und Theo-Papa vorzuspielen, der auch in diesem
Jahr leider, leider nicht zur Weihnachtsfeier kommen
kann – Termine, Termine, Termine!

Petra beruhigt die Gemüter, indem sie eine zweite Flasche Himbeergeist aus ihrer Tasche zieht und den Eltern
im Publikum ordentlich in die halbvollen Glühweintassen
nachschenkt.

Die Vorstellung ist zu Ende, tosender Applaus be-
lohnt die Kinder, da klopft es von draußen an die Fenster-
scheibe.

»Der Weihnachtsmann, der Weihnachtsmann!«, schreien

die Kinder – und tatsächlich steht vor der Tür ein schlak-
siger Kerl mit angeklebtem Rauschebart, rotem Umhang
und einem schweren, prall gefüllten Sack auf dem Rücken.

»Ich mach dann mal schnell auf«, gluckst Sheila-Mama
und läuft zur Tür, um den Mann in Rot einzulassen.

Der tritt ein, wuchtet den Sack in die Mitte des Toberaums und ruft: »Ho, ho, ho, ihr kleinen Scheißer!«

»Thorben! Das ist Thorben, das ist gar nicht der Weihnachtsmann!«, schreit Ole begeistert, und tatsächlich
erkennen auch wir Erwachsenen jetzt unseren Exprakti-
kanten wieder.

»Ist das nicht großartig? Er ist wieder zurück aus Berlin,
ich hab ihn neulich zufällig auf der Straße getroffen und
direkt für heute Abend engagiert. Ich dachte, das wäre
eine tolle Überraschung für die Kinder«, flüstert Sheila-
Mama mir zu, und die Erzieherinnen teilen sich großzügig
den Rest aus Petras Schnapsflasche untereinander auf.

Thorben ist zwar enttarnt, aber trotzdem entschlossen,
seinen Weihnachtsmannpflichten nachzukommen. Jedes
Kind muss einzeln vortreten und ein Geschenk aus dem
Sack ziehen.

»Packt das mal schnell aus, der Scheiß ist irre schwer,
ich will jetzt endlich wissen, was da drin ist«, sagt Thorben.

Bio-Bärbel strahlt, als die Kinder ihre Geschenke auspacken: einen kleinen orangerot leuchtenden Salzkristall.

»Kinder, dieser Zauberstein ist aufgeladen mit ganz viel
positiver Energie. Mit der Liebe des Universums. Mit der
heilenden Kraft aller guten Geister. Er soll euch ganz viel
Glück bringen«, sagt sie weihevoll.

»Mir wird schlecht«, sagt Erzieherin Petra.

»Energie? Universum? Gute Geister? Hör doch auf mit deinem Esoteriker-Scheiß! Dieser Stein ist aufgeladen mit einer LED-Leuchtdiode und mit sonst nichts«, ruft iDad.

»Ich muss schon sagen, das ist ganz schön dreist, dass du Geld aus der Vereinskasse bekommst, um den Kindern Geschenke zu besorgen und dir nichts Besseres einfällt, als in deinem eigenen Laden einkaufen zu gehen«, sagt Thore-Mama.

»Korruption!«, ruft Leon-Mama.

»Hä? Ich denke, die sind vom Weihnachtsmann?«, sagt Krümel.

»Mann, ihr seid ja immer noch alle voll psycho!«, sagt Weihnachtsmann Thorben.

»Ich setzt mal eben neuen Glühwein auf«, sagt Erzieherin Petra und verschwindet in der Küche.

Und während die Kinder sich langsam wieder übers Büfett hermachen, reden sich die Eltern in Rage. Bio-Bärbel ist beleidigt, weil sie sich doch immer solche Mühe macht, und nie würde das mal jemand anerkennen. Immer gäbe es nur Kritik, Kritik, Kritik.

»Nieder mit der Bio-Tyrannei!«, ruft Leon-Mama, und iDad sagt, dass er die Nase voll davon hat, dass Bio-Bärbel immer alles dominieren muss, allen anderen Eltern ihre Ernährungs- und Erziehungsphilosophie aufzwingt und jetzt den Kindern auch noch mit ihrem esoterischen Salzkristall-Blödsinn kommt.

»Ja, wirklich! Ausgerechnet an Weihnachten kommst du hier mit diesem Voodoo-Zauber-Quatsch!«, sagt Theo-Mama.

Und Thore-Mama fordert die sofortige Rückzahlung der

Kosten für die Steine in die Vereinskasse und eine Absetzung von Bio-Bärbel als Ernährungsbeauftragte.

»Genau! Können wir nicht endlich so kochen, wie wir wollen? Und wie es die Kinder auch mögen? Muss denn immer alles so zwanghaft gesund sein?«, sagt Harkan-Mama.

Bio-Bärbel lehnt mit versteinerter Miene an der Fensterbank des Toberaums, Erzieherin Annabelle reicht ihr einen frischen Becher Glühwein und ruft: »Hört auf zu streiten, das macht doch die ganze Stimmung kaputt. Und wir haben ja noch gar nicht gewichtelt!«

Stimmt, wir Erwachsenen beschenken einander ja auch noch. Aber ob das die Stimmung hebt? Alle legen ihre Wichtelgeschenke in Thorbens großen Kartoffelsack, und der darf nun ein weiteres Mal an diesem Abend den Weihnachtsmann spielen.

»Hallo, Puppe! Na, willst du auch mal ran an meinen Sack?«, sagt Thorben zu Ex-Alexa, die das total lustig findet. Er überreicht ihr ein Päckchen mit ihrem Namen drauf, und Ex-Alexa packt mit großem Gekicher einen kleinen Handtaschendildo aus.

»Wer schenkt mir denn so was? Also, wirklich …«, sagt sie mit gespielter Empörung.

»Kann doch nur von Leon-Papa kommen, dem notgeilen Penner«, raunt Emma-Mama.

So ist das beim anonymen Beschenken – da zählt vor allem die Botschaft:

Harkan-Mama bekommt ein billiges Deo-Spray (vermutlich von Theo-Mama).

Theo-Mama bekommt einen Koran (vermutlich von Harkan-Mama).

Ich bekomme ein Cupcake-Backbuch (vermutlich von Emma-Mama).

Benni-Papa bekommt ein Lebkuchenherz mit »Du bist mein Schatzi!«-Zuckerschrift (vermutlich von Ex-Alexa).

Luzi-Papa bekommt einen übertrieben teuren, sehr geschmackvollen Cashmere-Schal (vermutlich von Annabelle).

Erzieherin Annabelle bekommt ein übertrieben teures, sehr geschmackvolles Paar Ohrringe (vermutlich von Luzi-Papa).

Erzieherin Petra bekommt ein veganes Kochbuch (vermutlich von Krümel-Mama).

Krümel-Mama bekommt eine Packung Schnapspralinen (von mir).

Leon-Papa bekommt eine Packung Kondome (vermutlich von seiner Frau).

iDad bekommt ein Fahrradreifen-Flick-Set (vermutlich von Bio-Bärbel).

Bio-Bärbel bekommt einen Diätratgeber und ein Glas Mayonnaise (vermutlich von iDad). Und bricht in Tränen aus.

»Aber … aber … ich liebe euch doch alle!«, schluchzt sie, während Krümel-Mama ihr die Hand tätschelt und ihr eine frische Tasse mit Glühwein reicht.

Ich denke, dies wäre der richtige Moment, um die Musik lauter zu drehen. Zum Glück hat Benni-Papa auf mein Geheiß hin noch ein paar CDs von zu Hause mitgebracht, so dass wir das Kinderchorweihnachtsgedudel aus- und die Rolling Stones anmachen können. Kurzer Protest von einigen Eltern, denen die Stones nicht besinnlich genug sind, aber letztlich sind doch alle schon viel zu betrunken, um sich ernsthaft zu empören. Weihnachten ist nun mal nicht besinnlich. Weihnachten ist das Fest der falschen Erwartungen, das Fest der Familienstreitigkeiten, Trennungen und Verletzungen. Da hilft es, gute Musik laut aufzudrehen, ein bisschen zu tanzen und sich zu betrinken. Und sind wir hier bei den Wilden Schlümpfen nicht auch wie eine große Familie? Wir hassen und wir lieben uns, wir streiten, diskutieren und versöhnen uns, wir können nicht mit- und in Wahrheit natürlich auch nicht ohne einander.

Benni-Papa und ich tanzen zu »Sympathy for the Devil«, iDad grölt »Pleased to meet you, won't you guess my name«, Ben, Thore, Emma und Harkan hopsen mit und machen den »wuu-huuu«-Chor.

Bio-Bärbel hat sich die Schuhe ausgezogen, tanzt barfuß und mit geschlossenen Augen, Leon-Papa spielt Luftgitarre. Krümel hat meine Schnapspralinen aus der Handtasche seiner Mutter gekramt, sich alle auf einmal in den Mund gestopft und übergibt sich gerade auf dem Kinderklo. Krümel-Mama telefoniert mit dem Giftnotruf, und Sheila und Leon plündern Petras geheimen Gummibärchenvorrat.

In der Kuschelecke knutscht Ex-Alexa mit Expraktikant Thorben, daneben schmusen Annabelle und Luzi-Papa. Benni-Papa und ich liegen uns zu »Wild Horses« in den Armen.

»Schatz, ich will ein Geschwisterkind von dir!«, raunt Benni-Papa in mein Ohr.

Kann er haben. Geschwisterkinder haben Vorrang bei der Kita-Platzvergabe. Da könnte ich ganz gemütlich in Elternzeit gehen, ohne den ganzen Kita-Platz-Suchstress.

Ich könnte eine von diesen gelassenen, erfahrenen Müttern sein, die hysterische Erstlingsmütter mit Kriegsberichten von der Kinderbetreuungsfront beeindrucken.

Die meisten Eltern und Kinder sind inzwischen gegangen, ich sammle noch ein paar Glühweintassen ein, als ich Petra in der Küche mit einer dritten Flasche Himbeergeist neben dem Kühlschrank auf dem Boden sitzen sehe.

»He, Benni-Mama, komma hersumia«, lallt sie.

Ich setze mich neben sie auf den Küchenboden, unsere sonst so standfeste Erzieherin legt mir den Arm um die Schulter, schaut mich an und sagt:

»Weissu, was ich dich schon immer mal fragen wollte, Benni-Mama?«

»Nein.«

»Wie heißt du eigentlich?«

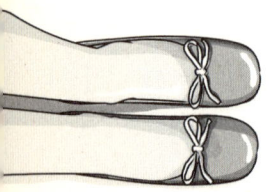

fi 444 002 / 1e